I0830357

LA DECISIÓN ECOSISTÉMICA

Rita Carrizo

La Decisión Ecosistémica

Una forma ética de gestionar riesgos

Carrizo, Rita

La decisión ecosistémica : una forma ética de gestionar riesgos / Rita Carrizo. - 1a ed. - Ciudad Autónoma de Buenos Aires : Prometeo Libros, 2021.

206 p. ; 23 x 16 cm.

1. Análisis de Riesgo. 2. Sistemas de Gestión. I. Título.
CDD 658.403

Diseño de tapa: Valentina Sbaffi
Diseño: R&S
Armado: María Victoria Ramírez
Corrección: Anshi Morán

Índice

Introducción

Es posible que al leer la frase "gestión de riesgos" en el título, usted se acerque al libro buscando una guía sobre qué, cuándo y cómo tener sus riesgos bajo control. Incluso, le habrá animado descubrir los riesgos que hoy no está gestionando. Si este fuera el caso, se va a desilusionar. En este libro no hay recetas ni herramientas que le aporten comodidad a su situación. Por el contrario, me animo a decir que mucho de lo que leerá en las próximas páginas, le causará bastante incomodidad; le explicaré por qué.

Hablar de riesgos requiere hablar de decisiones. Son justamente las decisiones que toma y las que no toma las que dan vida a los riesgos que usted querrá gestionar. Por ello y desde la perspectiva que usaré a lo largo del trabajo, si desea gestionar riesgos primero necesita gestionar las decisiones que lo llevan a ellos. Esta tarea no solo requiere mirar el contenido de la decisión sino, fundamentalmente, comprender qué lo lleva a hacer las decisiones que hace. Seguramente, conocerá gente que toma decisiones similares a las suyas pero que, en la práctica, tiene impactos, resultados y consecuencias diferentes a las suyas. Esta comprensión abre la puerta de entrada a la madriguera del conejo, luego podrá ir tan cerca o tan lejos como desee.

Si sigue leyendo, recorrerá la madriguera decisional hasta lo más profundo que esta autora puede llegar con sus habilidades y limitaciones. Le propongo mirar la decisión a través del decisor que la hace, a través del ser humano detrás de la decisión. Específicamente, se indagará sobre el decisor dentro de la cultura occidental. Y aquí es donde podrían aparecer incomodidades al verse reflejado/a personalmente en el escrito, cuando en realidad solo quería una receta. Pero si llegó hasta este punto, tal vez quiera darse la oportunidad de seguir leyendo, para juzgar por usted mismo/a si hay algo de lo que pueda extraer un aprendizaje. Nada de lo escrito va a cambiar su actitud decisional ni sus decisiones, a menos que usted lo quiera y lo permita. No conceda a mis palabras ese poder, pero sí concédase la oportunidad para reflexionar, cuestionarse y cuestionarme. El resto depende de usted.

Probablemente, la idea de "decisión ecosistémica" le haya provocado curiosidad y, solo con el ánimo de alimentar ese fuego, le diré que este libro estudia al decisor occidental como participante de un ecosistema donde el proceso decisional tiene lugar, es decir, inmerso en una complejidad de la cual no puede escapar. La travesía por la madriguera comienza por ubicar la situación actual de la dupla decisor-ecosistema, un panorama que presiento le será familiar aunque no por ello, cómodo. Esta es la intención del primer capítulo, una antesala de la reflexión del capítulo siguiente.

Es posible que el capítulo dos y tres le resulten como ir en descenso en una montaña rusa: a veces excitante, otras veces atemorizante y otras, tal vez, se pregunte para qué subió. No se preocupe, a mi me pasó lo mismo. Algunas paradas se ofrecen con la intención de integrar diferentes perspectivas del saber, entre las que se cuentan la biología, la genética, la sociobiología y la ontología del lenguaje. Ojalá le permitan encontrar sentido al relato y sirvan en conjunto para lograr una mejor comprensión del decisor. Deseo, también, que ellas despierten su interés y que, a su juicio, le aporten rigor y basamento teórico a mi propia perspectiva.

El descenso y la reflexión profunda culminan en el capítulo tres, el cual ofrece una vía diferente para regresar a la superficie, un camino que propone el aprendizaje de un nuevo paradigma decisional que he llamado "la decisión ecosistémica".

El capítulo cuatro invita a mirar más de cerca al decisor tomador de riesgos, trayendo a la reflexión los avances en neurociencias y cuestionando hasta qué punto sus decisiones son deliberadas o "racionales". La exploración culmina en el "decisor ecosistémico" como arquetipo del nuevo paradigma decisional.

A estas alturas y habiendo desarrollado el basamento teórico de la perspectiva, el capítulo cinco toma la tarea de reinterpretar algunas distinciones de la disciplina de la gestión de riesgos comenzando por el mismo riesgo y la incertidumbre.

Por último, el capítulo seis intentará sentar una línea de base al hablar de gestión de riesgos ecosistémica o GRES, distinguiéndola de las formas tradicionales y ofreciéndose con la intención de enriquecer el conocimiento, pero principalmente, ser enriquecida por quienes sientan interés y apertura al aprendizaje. Este capítulo contiene, además, un apéndice escrito con el fin de mostrar cómo algunos decisores han gestionado decisiones en la pandemia del COVID-19, contemporánea a este texto. No será un caso práctico de GRES, pero servirá para mostrar aquellas que pudieron haber sido ecosistémicas y no lo fueron.

Todo lo dicho me permite reiterar que este libro no contiene recetas, caminos críticos que seguir, ni nuevas "verdades" –ya se dará cuenta por qué lo digo. Simplemente propone una mirada reflexiva, profunda e informada, en todo lo que fue posible, que buscó hacer una interpretación, ojalá poderosa, y ponerla al servicio del decisor.

Capítulo 1
La dupla decisor-ecosistema

1.1 Una mirada macro-histórica de la acción humana

Tal como se expresó en la introducción, riesgo y decisión encuentran conexión en el decisor, no hablaremos de usted o de mí como decisores particulares, sino que este y otros capítulos estarán dedicados a profundizar acerca de quién ha sido y está siendo actualmente el decisor operando en occidente. La idea será poder reconocer qué tenemos en común. En este cometido, usaré algunas ideas e información de un libro de historia poco usual que hace algunos años tuve la oportunidad de leer y juzgo atractivo en tanto desafiador y claro, pero principalmente porque fue escrito desde una perspectiva macro. Este libro no parece elaborado con los ojos del que decide adentrarse en el bosque a observar cada árbol, planta, animal, suelo y formación terrestre, sino de quien elige montarse sobre el lomo de un águila a visualizar las formas, colores y dimensiones buscando divisar "patrones" que, solo a mayores altitudes y muy lejos de cada habitante del bosque, es posible distinguir.

El autor que fue capaz de realizar esta travesía es Yuval Noah Harari quien, en el año 2014, publicó su libro *De Animales a Dioses – Una breve historia de la Humanidad*. Tomaré prestado un poco de lo que creo tan lúcidamente expone para usarlo como trampolín en el inicio de esta obra. Agradezco enormemente esta oportunidad.

Harari propone que la historia de la humanidad podría describirse a partir de tres hitos o revoluciones, cada uno de los cuales le ofreció al ser humano nuevas posibilidades y "poderes" diferenciales. La primera revolución, a la cual ubica temporalmente hace unos 70.000 años, se llamó "cognitiva" y habría ocurrido como consecuencia de una mutación del ADN del homo sapiens que ya caminaba en la tierra desde hacía mucho tiempo[1]. Este evento, extremadamente relevante, habría posibilitado nuevas maneras de pensar y comunicarse haciendo uso de la imaginación y del lenguaje tal como actualmente se lo conoce.

Interesada en enterarme un poco más acerca de este tema, encontré que estudios genéticos realizados desde los años 90 han asociado al gen FoxP2, con la habilidad para el lenguaje; en especial varios estudios llevados a cabo a partir del año 2009 revelaron que dicho gen colabora con la capacidad del cerebro para conceptualizar, factor decisivo en el desarrollo del lenguaje. Adicionalmente, la proteína del mismo nombre que dicho gen codifica, contribuye en la formación de conexiones neuronales vinculadas al lenguaje. Los investigadores creen que ambos en conjunto ayudan a que el cerebro se ajuste de manera diferente y se adapte al habla y a la adquisición del lenguaje. Algo sorprendente de esta mutación que actualmente solo muestran los humanos, es que sería mucho más antigua –habiéndose producido hace más de quinientos mil años– y que también estaba presente en los neandertales. Es posible que ellos también pudieran hablar.[2]

En la perspectiva de Harari esta nueva habilidad de nuestros ancestros parece haber sido un poder diferenciador de las otras especies homo coexistentes, brindándole la capacidad de hablar acerca de cosas que estaban fuera de la experiencia, cosas que podían incluso no existir; esta capacidad le habría permitido construir mitos. El autor expresa acerca del lenguaje:

> Más bien es la capacidad de transmitir información acerca de cosas que no existen en absoluto. Hasta donde sabemos, solo los sapiens pueden hablar acerca de tipos enteros de entidades que nunca han visto, ni tocado ni olido.
>
> Leyendas, mitos, dioses y religiones aparecieron por primera vez con la revolución cognitiva. (Yuval Harari, 2014: 37)

Este evento habría tenido muchos impactos en la vida humana; sin embargo, aprender a colaborar con otros a gran escala cambiaría su forma

[1] Jakobsson, M. et Al. (2017). *Southern African ancient genomes estimate modern human divergence to 350,000 to 260,000 years ago.* The American Association for the Advancement of Science. Science 03 Nov 2017: Vol. 358, Issue 6363, pp. 652-655. DOI: https://doi.org/10.1126/science.aao6266

[2] Tendencias21. Martinez, Yaiza (2014). Neurocientícos identifican el papel de un gen en la aparición del lenguaje humano.
https://tendencias21.levante-emv.com/neurocientificos-identifican-el-papel-de-un-gen-en-la-aparicion-del-lenguaje-humano_a37066.html

de estar en el mundo. A criterio del autor, fueron esas habilidades las que, hace unos 30.000 años, convirtieron a la especie sapiens en la especie dominante del planeta.

Podría decirse que esta transformación evolutivamente favorecedora de nuestra especie le concedió las herramientas con las que pudo superar a otras especies similares con consecuencias devastadoras para ellas, si se tiene en cuenta que ninguna logró sobrevivir.

El segundo hito en el desarrollo humano que el autor describe, habría tenido lugar hace aproximadamente 12.000 años. Para esa época, el sapiens que era cazador-recolector y contaba con miles de años experimentando el poder del lenguaje, se descubre capaz de domesticar algunas variedades de animales y plantas para su propio beneficio y se da cuenta de que dedicarse a ello significaría dejar de vagar en busca de alimento. Esta "revolución agrícola", no solo transformó la manera de vivir de los seres humanos de esa época, sino que determinó la forma en que continuaría viviendo aún en el presente, domesticando los mismos animales y plantas y, especialmente, buscándose su subsistencia asentados en un mismo lugar.

Esta vez, el nuevo poder para subyugar a la naturaleza, le proporcionó mucha más comida e hizo posible que se multiplicara exponencialmente asegurando su supervivencia como especie. En esta oportunidad, fue el mismo sapiens quien se ingenió para encontrar las herramientas con poder para superar a las otras especies del planeta y establecerse nuevamente como la especie dominante.

De acuerdo con el autor, este relato que suele contarse como historia de éxito al mirar la evolución humana, también esconde una historia de consecuencias colaterales que no suele ser contada: por ejemplo, la dependencia de unos pocos productos, en comparación con el abanico de opciones que tenía el cazador-recolector, lo expuso a las inclemencias del tiempo, sequías y consecuentemente, hambre. Más tarde, el mismo éxito lo llevó a vivir en asentamientos humanos sobrepoblados que lo expusieron a la suciedad, aumentando la mortalidad en los primeros años de vida. Ni hablar de las muchas más horas de trabajo que debía realizar para obtener su sustento o de haberse atado a una dieta más pobre que la que tenía el cazador-recolector. Como contrapartida del éxito del agricultor en lograr una mayor cantidad de alimento, aparecieron ladrones que querían lo que él tenía, y más violencia que la que ya existía. En la época del cazador-recolector, si se disputaba un espacio de caza o recolección con otro grupo y se veía inferior en fuerza, tenía la opción de escapar. En cambio para el agricultor, dejar su tierra, su "casa", era sinónimo de perderlo todo y exponerse a morir él y su familia; debía luchar para sobrevivir.

El tamaño de la población también fue consecuencia de las revoluciones mencionadas. Según Yuval Harari, hacia el año 10.000 a.C., antes del paso a la agricultura, la Tierra albergaba unos 5-8 millones de cazadores-recolectores nómadas. En el siglo I d.C., quedaban 1-2 millones de cazadores-recolectores (principalmente en Australia, América y África), frente a los 250 millones de agricultores en todo el mundo; este crecimiento representó un incremento en 50 veces la población de hacía 12.000 años.

Releyendo y reflexionando sobre el poder transformador que el lenguaje y esta nueva revolución tuvieron sobre la manera de vivir humana, el descubrimiento de la agricultura debió mostrarle que era posible cambiar el mundo que habitaba. Tal vez descubrió por primera vez que tenía poder para manipular a su antojo y para su propio beneficio lo que había a su alrededor; un poder que incluso hoy, parece sentir suyo.

Por la misma senda, pero muchísimos años más tarde, el humano fue protagonista de un nuevo evento sin precedentes: la "revolución científica", ubicada por Harari hace unos 500 años. En este momento, el ser humano comienza a cuestionarse las supuestas verdades con las que religiones y clases poderosas lo habían gobernado hasta ese entonces. Tal cuestionamiento lo llevó a reconocer que ellas ya no eran suficientes para explicar el mundo en el que vivía, que necesitaba declararse ignorante frente a ese mundo y que debía salir a buscar nuevas respuestas a través de la ciencia. En esta nueva revolución, la mera declaración de ignorancia se convirtió en el nuevo "poder" de la humanidad para buscar resolver muchos y variados problemas que, en otra época, eran responsabilidad de los "dioses".

> Cuando la ciencia empezó a resolver un problema insoluble tras otro, muchos se convencieron de que la humanidad podía solucionar todos y cada uno de los problemas mediante la adquisición y aplicación de nuevos conocimientos. La pobreza, la enfermedad, las guerras, las hambrunas, la muerte misma, no eran el destino inevitable de la humanidad. Eran simplemente los frutos de nuestra ignorancia. (Yuval Harari, 2014: 293)

Esta nueva manera de abordar los problemas inauguró la carrera por el progreso y el desarrollo y generó grandes contrastes para mucha gente. Por ejemplo, la calidad de vida aumentó grandemente para algunos estratos de la población mientras otros quedaron condenados a la miseria; desapareció el campesinado, ya que la gente abandonó la vida de agricultor que venía desarrollando desde hacía casi 12.000 años para dedicarse a la vida en las ciudades industriales y con ello sufrir todos los males de la sobrepoblación como la suciedad, las enfermedades, la explotación y más pobreza.

Siguiendo con el autor, en el año 1700 había unos 700 millones de humanos en el mundo (casi tres veces la población del siglo I d.C). En 1800 había 950 millones (30% más en 100 años). Solo 100 años después, en 1900, llegó a los 1.600 millones, es decir, seis veces la población del siglo I d.C. En el año 2000 se cuadruplicó la cifra para llegar a los 6.000 millones. En la actualidad la población está muy cerca de los 7.800 millones de individuos. Solo con el fin de refregarme los ojos una vez más, construí la tabla que muestro a continuación, donde más allá de lo desconcertante de la cantidad, lo que impresiona es el promedio anual.

Año	Población (en millones)	Cant. años	Tasa de cambio	en %	Promedio anual
10000 a.C	8	-	-	-	-
1 d.C	252	12000	31,25	3025	0,25
1700 d.C	700	1700	2,80	180	0,11
1800 d.C	950	100	1,36	36	0,36
1900 d.C	1600	100	1,68	68	0,68
2000 d.C	6000	100	3,75	275	2,75
2020 d.C (*)	7780	20	1,30	30	1,50

(*) Fuente: https://www.worldometers.info/es/ - 21.04.2020

Finalizando este recorrido en la obra de Harari, el autor juzga fuertemente el costo de las revoluciones y el progreso sobre el ser humano y el planeta, costo que actualmente amenaza su propia existencia. En sus palabras:

> Los humanos talaron bosques, drenaron marismas, represaron ríos, inundaron llanuras, tendieron decenas de miles de kilómetros de vías férreas, y construyeron metrópolis de rascacielos. A medida que el mundo se moldeaba para que se ajustara a las necesidades de Homo sapiens, se destruyeron hábitats y se extinguieron especies. Nuestro planeta, antaño verde y azul, se está convirtiendo en un centro comercial de hormigón y plástico. (Yuval Harari, 2014: 385)

> (…)

> El calentamiento global, la elevación del nivel de los océanos y la contaminación generalizada pueden hacer que la Tierra sea menos acogedora para nuestra especie, y en consecuencia el futuro puede asistir a una carrera acelerada entre el poder humano y los desastres naturales inducidos por los humanos. (Yuval Harari, 2014: 386)

Nuevamente y llamada a la reflexión por todo lo expresado, me animo a aportar una interpretación adicional. Si la primera revolución le dio al ser humano el lenguaje y el poder para convertirse en la única especie homo sobreviviente, y la revolución agrícola fue como haber comido del árbol del conocimiento, logrando conciencia acerca de su propio poder sobre la naturaleza y otras especies, la tercera de las revoluciones parece haberle regalado el derecho de hacer uso intensivo y abuso de todo lo que hay en el planeta.

Solo en el afán de continuar explorando la dupla decisor-ecosistema, presentaré algunos estudios que resumen con números varios aspectos de esa relación.

Comenzando por la destrucción de especies, el *Informe Planeta Vivo* (2018)[3] señala una disminución del tamaño mundial de la población de vertebrados del sesenta por ciento entre 1970 y 2014; especialmente en América del Sur y Central la disminución fue del ochenta y nueve por ciento. A la luz de lo que hoy se conoce sobre la salud humana, nuestros alimentos y seguridad dependen, fundamentalmente, de la biodiversidad. Como comenta el Dr. Edward Wilson en algunas de sus obras que iremos citando y compartiendo a lo largo de este trabajo, el ser humano no conoce aún todas las especies que sostienen su vida en la tierra; contrariamente a lo esperado, esta ignorancia que debería haber servido para promover

---

[3] WWF (2018). Informe Planeta Vivo - 2018: Apuntando más alto. Grooten, M. y Almond, R.E.A. (Eds). WWF, Gland, Suiza. http://awsassets.wwf.es/downloads/informe_planeta_vivo_2018.pdf

cautela, mayor conciencia y aprendizaje, parece haber empañado su entendimiento.

La carrera por el progreso y el desarrollo también ha llevado al ser humano a la hiperproducción para satisfacer el hiperconsumo. Actualmente, parece que no sabe ni puede vivir sin consumir ciertos de bienes, servicios y tecnología, y son graves las consecuencias que ello ha tenido a nivel global. El principal es el calentamiento global y el efecto invernadero en el planeta, sobre los cuales la ONU continuamente insta a cumplir el Acuerdo de Paris firmado en 2016, para lograr las metas de mitigación y adaptación a este fenómeno. Un informe realizado por el Grupo Intergubernamental de Expertos sobre Cambio Climático muestra que desde 1880 (época pre-industrial) a 2012, la temperatura media mundial aumentó 0,85°C[4]. Incluso aun cumpliendo el pacto mencionado, se estima que la temperatura media del planeta subirá 3,2 grados celsius a finales del presente siglo. De suceder, tendría unos efectos casi catastróficos, y por ello, la cumbre sobre el cambio climático del 2019 pidió nuevos compromisos para limitar esa suba a 1,50.

Por el lado de los desbalances y contrastes del desarrollo, un lugar de privilegio ocupa la clusterización de la riqueza del mundo en unos pocos individuos, grupos económicos y países. Ya no hay nobles, comunes y esclavos, pero existen los absurdamente ricos, los ricos, aquellos que ganan para mantenerse, los pobres, los muy pobres y los absurdamente pobres. Según información del Banco Mundial de 2019[5], el índice de pobreza extrema se ha reducido del treinta y seis por ciento en 1990 al diez por ciento en 2015 (este índice se mide a través del número de personas que vive con menos de 1,90 dólares al día –sí, ¡leyó bien! 1,90 dólares al día, algo que me es imposible casi de imaginar). Aunque una buena noticia, las mejoras o avances no fueron uniformes: Asia oriental y el Pacífico, con 47 millones de personas extremadamente pobres, y Europa y Asia central con 7 millones, redujeron la pobreza extrema a menos del tres por ciento. Sin embargo, más de la mitad de la población extremadamente pobre vive en África, al sur del Sahara. Allí la cantidad

[4] IPCC (2014) Cambio climático 2014: Informe de síntesis. Contribución de los Grupos de trabajo I, II y III al Quinto Informe de Evaluación del Grupo Intergubernamental de Expertos sobre el Cambio Climático [Equipo principal de redacción, R.K. Pachauri y L.A. Meyer (eds.)]. IPCC, Ginebra, Suiza, 157 págs. https://www.ipcc.ch/site/assets/uploads/2018/02/SYR_AR5_FINAL_full_es.pdf

[5] Banco Mundial (2019). Entendiendo la pobreza. Panorama general. https://www.bancomundial.org/es/topic/poverty/overview

de pobres va en aumento, registrando en 2015 un total de 413 millones de personas, es decir, casi el doble que la población de Brasil a la fecha. Si la tendencia observada se mantiene, para 2030, 9 de cada 10 personas extremadamente pobres vivirán allí.

Pero el desbalance no solo tiene forma de pobreza, también tiene forma de esclavitud: ¿cómo hacen aquellos que no pueden o no saben lidiar con todo lo que el progreso trae? Un mercado se hizo presente para alienar a muchos y enriquecer a otros: las drogas. El informe 2018 de la Oficina de Drogas y Crimen de la ONU[6] reportó que en 2017 unos 271 millones de personas –el 5,5% de la población mundial de 15 a 64 años– consumieron drogas, una cifra similar al 2016 pero un 30 % superior a la del año 2009. La droga más extendida es el cannabis con 188 millones de consumidores. El informe menciona que el tráfico de drogas mueve unos 320.000 millones de dólares anuales, de los cuales las sustancias que más dinero generan son la cocaína con 85.000 millones, y los opiáceos con 68.000 millones. La mayor parte del dinero de la cocaína se produce en Estados Unidos –35.000 millones de dólares– y en Europa occidental, con 26.000 millones, que son los dos mayores mercados de esta droga.

Quizás este relato no resulte una novedad teniendo en cuenta que hay mucha información y organizaciones sobre estos temas, pero a individuos promedio como esta autora, toda esta información junta puede ocasionarnos una avalancha de emociones y sensaciones corporales. Tal parece ser el estado actual de la relación decisor-ecosistema, un panorama que no solo nos está mostrando cómo nuestro propio accionar ha impactado el mundo en que vivimos, sino que parece haberse vuelto en contra de la humanidad misma como un bumerang. Frente a ello, me veo obligada a hacer algunas preguntas: ¿qué clase de evolución y desarrollo tuvo el ser humano desde que el lenguaje apareció en su vida, que lo dejó haciendo decisiones tan pobres? ¿qué pasó con la ignorancia que lo movió a cuestionar y aprender? ¿o será que la conciencia de su poder sobre la naturaleza lo hizo arrogante y ciego a la vez?

Tal vez la declaración de ignorancia hecha hace 500 años fue insuficiente, si se tiene en cuenta que el individuo solo se manifestó ignorante frente al acontecer. Sin embargo, no fue capaz de distinguir lo ignorante

[6] United Nations Office on Drugs and Crime (2019) Informe Mundial de Drogas 2018: crisis de opioides, abuso de medicamentos y niveles récord de opio y cocaína. https://www.unodc.org/unodc/es/press/releases/2018/June/world-drug-report-2018_-opioid-crisis--prescription-drug-abuse-expands-cocaine-and-opium-hit-record-highs.html

que era –y aún sigue siendo– acerca de sí mismo, de su accionar y de ser el causador principal de sus propios males.

Tales interrogantes abren un amplio camino de indagación, un camino que animo al lector continuar, porque recorre senderos que los seres humanos promedio no solemos recorrer y que pueden propiciar una comprensión integradora del poder del lenguaje en nuestras vidas, en especial a través de las decisiones que somos capaces de realizar.

1.2 Los arquetipos decisionales

Teniendo en cuenta que todo el accionar humano comienza siendo una decisión –al menos esto es lo que por ahora vamos a distinguir – esta sección explora qué sabemos los humanos sobre la decisión humana; qué hemos aprendido de nosotros mismos en tanto decisores. Para ello, lo mejor será sentar un entendimiento base y preguntarle al diccionario de la Real Academia Española: ¿qué es una decisión?

Como sustantivo, la decisión es definida como la determinación o resolución que se da ante una cosa dudosa. Como verbo, 'decidir' refiere al acto de realizar un juicio resolutorio sobre algo dudoso o contestable, a la acción de determinar el resultado de algo y al propósito de hacer algo. Parece interesante observar que ninguno de los significados ofrecidos pone de manifiesto la serie de consideraciones realizadas sobre la "cosa dudosa", previo a que la decisión tenga lugar, es decir, no hacen referencia al proceso que produce la determinación del resultado o que finaliza en el planteo de un propósito.

De esta forma diremos que, al hablar de decisión, no solo será relevante el producto final al cual se arribe –la decisión en sí misma– sino también las consideraciones realizadas para llegar al mismo y la forma en que éstas se produjeron, a fin de derivar en ese producto final. Algo adicional que trae el significado es que, dado que la cuestión sobre la que se hará la decisión es "dudosa", parece quedar implícito que el contenido decisional dependerá de una elección u opción realizada a partir de las consideraciones ya mencionadas.

Como puede apreciarse, ninguno de estos aspectos es dirimido en los significados aportados por el diccionario, por ello es necesario extraerlos mediante interpretación.

Algún lector podría cuestionar lo dicho sobre la elección que requiere el decidir, argumentando que no siempre se trata de optar y que muchas veces "no hay otras opciones". Veamos ejemplos. Supóngase que el gerente de producción de una organización indica a sus colaboradores realizar el inventario de productos en proceso, o el gerente general solicita a la gerencia media confeccionar un reporte diario de las ventas realizadas, o imagine que un padre/madre le dice a su hijo/a que cuide al hermano menor así puede cocinar el almuerzo. En estos casos el jefe, el gerente o la madre/padre no ofrecen otras opciones dentro de las cuales elegir y quien recibe el pedido así lo interpreta. De la misma forma, si un individuo apunta a otro con un arma, a fin de que le entregue su dinero o realice ciertas acciones, el que está mirando el arma podría decir que no ve más opciones que obedecer y hacer lo que quien le apunta le sugiere. En todas estas circunstancias, parecería que la acción de optar o elegir no tiene lugar.

Sin embargo, si se mira un poco más detenidamente, es posible apreciar que la elección del contenido de la decisión presenta al menos dos caras o dos valores. Por un lado, ir por la vía que es evidente para el decisor y hacer lo que se le pide, sugiere u ordena. Por el otro, negarse, es decir "no hacer nada" y dejar la situación en su estado original. Ni el jefe, el gerente o la madre ofrecieron la opción de recibir una negativa –mucho menos quien apunta con un arma–, sin embargo, el camino del no y de la inacción será siempre un camino posible para quien decide, que no sea evidente o conveniente para éste no significa no esté disponible como opción. Por eso diremos que, al decidir, siempre hay al menos dos opciones.

El proceso decisorio

Muchos han llamado 'proceso decisorio' a toda la secuencia de acciones en el lenguaje que se produce hasta arribar a la decisión, incluyendo la forma en que las consideraciones implicadas se llevan a cabo. Así, desde hace muchos años, algunas ciencias sociales han ofrecido propuestas para abordar y presentar modelos descriptivos del comportamiento humano, en especial orientados a determinar la decisión "correcta". Surge interesante entonces profundizarlos toda vez que, como se mostró en líneas anteriores, la decisión humana ha demostrado ser bastante "pobre" –como sinónimo de "incorrecta"– en términos de sustentabilidad del ecosistema global.

El hombre económico

La economía propuso al "hombre económico" (HE) como modelo decisional de la corriente neoclásica hace mucho más de un siglo. Como arquetipo, habla de un individuo cuyas características definen la forma en que toma decisiones. En primer lugar, el HE decide motivado por lograr siempre el mayor beneficio monetario –en tanto productor– o la mayor utilidad, en términos de satisfacción de sus necesidades –en tanto consumidor– con el menor costo o esfuerzo posible. Por ejemplo, nunca decidiría a favor de una alternativa que implique altos beneficios, pero mucho esfuerzo y altos costos, como sería cuidar el planeta, a otros humanos o especies cohabitantes. En segundo lugar, la forma en que el HE busca ese máximo beneficio, se dice, sigue una línea individualista, es decir, la decisión que realizará siempre irá orientada a atender sus propias necesidades sin interesarse por la satisfacción de necesidades de tipo grupales o sociales. La idea que persigue este modelo[7] es que, nadie mejor que el propio individuo para cuidar de sí mismo y buscar su bienestar, entendiendo que, si todos los decisores buscaran maximizar la utilidad al menor costo, el bienestar social quedaría asegurado. Siguiendo esta línea de pensamiento, imagínese por un momento a los 1000 millones de personas vivientes en el siglo XIX tratando de maximizar su bienestar de esta forma, o a grupos de personas o países enteros actuando como lo haría el HE. ¿Cuántas chances hay de que todos lo logren suponiendo que cada uno hace su mejor esfuerzo? ¿Qué pasa cuando el camino de un HE se cruza con el camino de otro HE y entonces, si uno de ellos maximiza su utilidad al menor costo significa que el otro ya no podrá lograrlo? En términos de esta teoría ¿cómo se dirimiría este dilema? Más aún, ¿podría el HE verlo como tal? ¿Dónde queda y cómo se define entonces el bienestar de la sociedad y el del ecosistema global?

Los dos aspectos descriptos brindan el contenido ideológico o paradigmático del modelo y, al mismo tiempo, construyen el pilar sobre el cual se explica la racionalidad del decisor y su capacidad para hacer decisiones correctas. También parecen definir un cierto rasgo adaptativo de éxito o fracaso, teniendo en cuenta que aquel que logra mayor beneficio, será

---

[7] Botero, E. (2016). Reflexión sobre el concepto de racionalidad económica y la noción del Homo oeconomicus. En *Bases conceptuales para un análisis crítico del discurso administrativo y económico* (pp. 19-53). Bogotá: Ediciones Universidad Cooperativa de Colombia. doi: http://dx.doi.org/10.16925/9789587600438

juzgado exitoso y tendrá mayores chances de perdurar. Raramente el dilema antes mencionado pueda hacerse presente en este escenario, ya que la elección de una alternativa que no estuviera alineada con el logro del máximo beneficio individual o que, en lugar de favorecerlo individualmente beneficiara a otros, no sería una decisión racional con el poder de asegurar el éxito necesario para perdurar en el tiempo.

Adicionalmente, se le atribuyen al HE otros aspectos que habilitan decisiones perfectamente racionales. Uno de ellos lo describe como poseedor de un sistema de preferencias completo y consistente dentro del cual mismas alternativas tienen idéntico valor para cualquier individuo. Esto significa que cualquier HE siempre será capaz de elegir entre las alternativas que se le presentan y todas ellas valdrán los mismo sea quien sea el que está decidiendo; este decisor no tiene dudas, ni mucho menos dilemas. Se sumaría a ello la circunstancia, no menor, de que es perfectamente conocedor de todas las opciones posibles, y que es poseedor de una capacidad de cómputo sin límite para evaluar la complejidad de las mismas y elegir la mejor. Herbert Simon[8] diría que se trata de un individuo con una racionalidad ridículamente omnisciente y, agrego, proveniente de otro planeta, ya que difícilmente se estaría describiendo a un ser humano.

Como se comentará en capítulos siguientes, estudios recientes en neurociencias han mostrado que el cerebro humano trabaja de una forma que imposibilita la racionalidad requerida para la elección de la mejor alternativa; sin mencionar lo improbable de que el cerebro llegara a conocer todas las posibilidades o tuviera la capacidad requerida para procesarlas, aún con la asistencia de la tecnología actual.

No me caben dudas de que, a los ojos de este arquetipo, la propuesta ecosistémica de este libro caerá dentro de la irracionalidad. Sin embargo, si echamos una ojeada al resumen desarrollado al principio de este capítulo podríamos ahora conectarlo con el accionar de muchos HE – llámense individuos, países, sociedades, etcétera – que tomando pobres decisiones "racionales" y "correctas" en la búsqueda del beneficio individual han llevado al ecosistema a su estado actual.

---

[8] Simon, H. (1957). Administrative behavior. A Study of Decision-Making Processes in Administrative Organization. Introduction to the second edition, pag.23. U.S.A.: The Free Press. UK: Collier- Macmillian Limited.

El hombre administrativo

En la década de los 60 y 70 en el siglo XX y a la luz de la ciencia de la administración, Herbert Simon desarrolló una nueva teoría acerca de la decisión humana en el ámbito de las organizaciones. Su "teoría de la decisión", como se llamó, tuvo como eje central al "hombre administrativo" (HA), un nuevo arquetipo decisional, en algunos aspectos contrapuesto al viejo hombre económico, y cuyas decisiones estaban más bien orientadas a tareas y no tenía pretensiones de racionalidad todopoderosa. La motivación de este HA ya no era la optimización o maximización de su beneficio individual, sino más bien lograr "satisfacción" a través de seleccionar una alternativa "suficientemente buena", siempre en términos de utilidad individual o beneficio monetario. De esta forma, frente a diferentes opciones, su accionar se dirigiría a realizar el escrutinio hasta tanto dar con una opción capaz de satisfacer lo que busca, suspendiendo el proceso a partir de ese momento.

En palabras de Simon:

> La teoría administrativa es peculiarmente la teoría de la racionalidad deliberada y limitada – de la conducta de seres humanos que satisfacen debido a que no poseen la (facultad natural) para maximizar. (Herbert Simon, 1957: 24)

La traducción del inglés es mía y lo marcado entre paréntesis solo indica que es una posible traducción. El autor utiliza en su texto la palabra "wit", la cual tiene varios significados como, por ejemplo, inteligencia, claridad, sagacidad, entendimiento. Cualquiera sea la que se use, parecería dejar claro el HA no trae consigo la habilidad para maximizar beneficios o satisfacción.

En contraposición con el HE, que podía lidiar con el mundo como conocedor absoluto de todo lo que en él sucedía, el arquetipo del HA describe a un individuo que se juzga incapaz de tal conocimiento y que comprende que el mundo que percibe es solo una simplificación del "confuso y ruidoso mundo real" –para usar palabras del mismo Simon. De esta forma, para el HA no todos los hechos y eventos que suceden en su mundo tienen importancia a la luz de aquello sobre lo cual precisa decidir y, por ello, hace sus decisiones usando una foto simplificada que contiene solo los factores que juzga relevantes, ignorando la interrelación de las cosas – "tan estupificantes para el pensamiento y la acción", según el autor.

Tal parece que el HA tampoco pudo liberarse de la búsqueda individualista de éxito, beneficio y satisfacción de su par arquetípico. En lugar de perder tiempo buscando el máximo beneficio posible, acepta aquel beneficio que logra conformar sus expectativas. Más bien parece un decisor apurado por lograr éxito, tan apurado que reduce "el mundo" a lo poco que es capaz de ver e ignora las interrelaciones entre las cosas. Posiblemente, para este decisor preguntarse ¿qué sucede con los otros que van por el mismo camino en búsqueda de su satisfacción? O ¿qué pasaría si la opción que me satisface perjudicara a otros? en tal simplificación y velocidad, dudosamente estos dilemas éticos tengan posibilidades de aparecer.

Nuevamente, el recorrido histórico presentado al inicio del capítulo nos estaría mostrando a muchos HA en acción desde mediados del siglo XX, decisores en una búsqueda implacable de bienestar y de progreso sin límites, con una mirada bastante corta de vista y simplificada hacia el ecosistema.

1.3 El decisor a la luz del enfoque sistémico

La reflexión realizada hasta aquí dispara una pregunta ¿por qué no se abandonó todo cuando las consecuencias indeseadas comenzaron a sentirse? Si el cambio de vida de cazador-recolector a sedentario con la agricultura no traía un cambio en la calidad de vida general del individuo, por el contrario, lo hacía trabajar muchas más horas y disfrutar mucho menos; o si a pesar de tener comida en cantidad e incluso almacenada, era menos nutritiva y variada; o si la competencia por el alimento traía más violencia a su vida; o, más adelante en la historia, si la revolución industrial mostraba su lado B de dolor y sufrimiento para las víctimas de la miseria, la insalubridad o la explotación del hombre por el hombre; o, incluso actualmente, cuando hay sobradas evidencias del destino de nuestro planeta si el ritmo de producción, emisiones, contaminación y consumo continúan su curso desenfrenado, ¿por qué no se abandona todo para recalcular el camino?

Parecen dilemas que requieren una indagación también profunda a fin de estar en condiciones de esbozar una respuesta, seguramente, inacabada. No obstante, y siendo ella parte del propósito de este libro, propongo iniciar este recorrido haciendo uso del Pensamiento Sistémico (PS), una disciplina que desde mediados del siglo XX ha sido utilizada por varias ramas de la ciencia como perspectiva integradora a la hora de entender y describir la complejidad organizada.

Lo que las "revoluciones" descriptas anteriormente comienzan a desnudar son procesos que incluyeron una multiplicidad de decisiones y acciones humanas sobre diferentes sistemas, supra-sistemas y sobre el ecosistema en el cual la vida tiene lugar. Los impactos y consecuencias que para el omnipotente HE hubieran representado un costo "abordable" o "mínimo" a fin de obtener el máximo beneficio y que el HA hubiera ignorado porque no formaban parte de su mundo simplificado de búsqueda de satisfacción, para el PS son procesos complejos cuyo desarrollo y efectos pueden tomar años, siglos e incluso milenios.

Usando esta luz para iluminar lo que Harari describe en su libro, los cazadores-recolectores devenidos en agricultores no sintieron de la noche a la mañana que sus espaldas se dañaban. Tampoco se dieron cuenta que ya no descansaban la cantidad de horas que antes, ni le dedicaban al disfrute y al juego con sus familias el mismo tiempo. Seguramente, ni siquiera se dieron cuenta que la causa de todo esto fue el cambio de actividad. De la misma forma, los agricultores que dejaron el campo para ir a las ciudades sobrepobladas, llenas de suciedad y enfermedades, tampoco lo vieron inmediatamente. En todos estos procesos, los efectos de las consecuencias colaterales e indeseadas comenzaron a sentirse mucho tiempo después de que las decisiones – que dieron origen a las acciones o intervenciones – fueron tomadas, incluso cuando los decisores originales ya no existían.

Para quien nacía a continuación en cada época todo era transparente a su atención, era parte del paisaje, de la "manera de vivir" que iba heredando y en la que se iba enrolando, sin dar ninguna consideración. Esta interpretación, que será desarrollada extensamente en otro capítulo, permite anticipar una observación y proponer que el homo-sapiens, en tanto decisor, parece demostrar una cierta inhabilidad para visualizar y comprender los potenciales impactos que sus decisiones y acciones consecuentes tendrán. Esta inhabilidad se extiende a la consideración de las potenciales consecuencias o respuestas ecosistémicas. Es posible observar que tampoco ha sido muy hábil para recalcular el rumbo cuando los efectos indeseados de las decisiones comenzaban a sentirse.

El Pensamiento Sistémico

El enfoque del pensamiento sistémico es utilizado ampliamente en la actualidad por muchas disciplinas sociales y presenta fundamentos que darán soporte y vida a este libro. Por ello, entiendo conveniente compartir con el lector esta perspectiva y dedicarle algunas líneas a mostrar un poco de su historia, pilares y su manera de mirar al decisor.

El PS surge hace alrededor de ochenta años. Últimamente ha logrado popularidad en el entorno organizacional, en especial por medio de Peter Senge con su libro *La Quinta Disciplina* y los trabajos que en ese ámbito ha desarrollado. Sus orígenes, según Joël de Rosnay[9], se remontan a la confluencia de varias ramas de la ciencia como la biología, la teoría de la información, la cibernética y la teoría de los sistemas; de hecho, surge como una perspectiva común a ellas. El autor destaca su sólido surgimiento en el Massachusetts Institute of Technology (MIT) a partir de los años 40 con las nociones de retroalimentación – o *feedback*– y de finalidad. Más tarde, en los años 50, logra un avance importante con las investigaciones sobre memoria y reconocimiento de formas, los fenómenos adaptativos y aprendizaje, la biónica, la inteligencia artificial, los robots industriales y los progresos en neurología. A partir de los años 60, el MIT extendió la cibernética y la teoría de los sistemas de empresa a la sociedad y la ecología.

Parecería trivial hacerse la pregunta "¿qué es un sistema?" teniendo en cuenta que es una idea inserta en el lenguaje coloquial y usada para hablar del sistema eléctrico de una casa o un edificio, del sistema solar, del sistema de salud, de los sistemas de la biología humana, del sistema contable o del sistema de computación, solo por mencionar algunos ejemplos. En todos ellos será posible apreciar que "un sistema es un conjunto de elementos en interacción dinámica, organizados en función de un objetivo" (Rosnay, 1977: 12). Toda actividad realizada dentro del conjunto siempre presenta una respuesta como contrapartida; cada interacción entre los elementos, cada intercambio por mínimo que sea, representa potencialmente un mecanismo de regulación. Esto parece más interesante y relevante aún si miramos hacia los sistemas sociales en general, en los que los seres humanos formamos parte activa modificando el conjunto a través de diferentes interacciones.

[9] Rosnay. J de (1977). *El Macroscopio: hacia una visión global.* Cap. 2. "La revolución sistémica: una nueva cultura". España: Editorial AC.

El enfoque del PS se ocupa solamente del tipo de sistema llamado "abierto", entendiendo por tal a aquel que está en relación permanente con su entorno, y por tal circunstancia en permanente modificación mutua. El entorno será todo aquello que no forma parte del sistema en estudio y estará conformado por otros sistemas con los cuales realizará interacciones. Es decir, repasando lo mencionado hasta aquí, en un sistema los elementos interactúan modificándose mutuamente y regulándose; si es un sistema abierto, el intercambio con el entorno será nueva fuente de influencias mutuas, y con ello, de modificaciones necesarias para ajustar su funcionamiento.

Adicionalmente, el PS solo trata aquellos sistemas abiertos que sean a la vez "complejos", es decir, que están conformados por muchos y variados componentes que cumplen funciones especializadas y están organizados internamente en niveles jerárquicos. La variedad es un requisito indispensable. Por ejemplo, si habláramos del cuerpo humano, se podrían mencionar las células, los órganos o los sistemas de órganos, los cuales cumplen diferentes funciones y presentan diferente jerarquía. De la misma forma, dichos elementos deben mantenerse unidos por una gran variedad de interconexiones no lineales. En suma, esta totalidad organizada de variados elementos, funciones e interconexiones da por resultado un comportamiento muy particular y difícilmente previsible.

Siguiendo con el ejemplo del cuerpo humano, los elementos (subsistemas) que componen su compleja biología interactúan entre sí, con la finalidad de mantenerlo en funcionamiento como organismo viviente. Adicionalmente, la interacción constante con su entorno (todo aquello que no forma parte de sí mismo) lo modifica, tanto como él modifica dicho entorno con su accionar. Cada interacción se convierte en un "input" - con potencial de producir modificaciones - que requiere ser procesado tanto por el ser humano como por todo aquello que componga su entorno - o su ecosistema, como lo llamaremos en adelante - para mantener su organización como tal.

Una explicación similar puede ser usada para hablar de otros sistemas aún más complejos como lo son los sistemas sociales, por ejemplo, la familia, los grupos de diversa índole, las organizaciones o la sociedad en general. La diferencia entre ellos vendría dada por una mayor cantidad y variedad de componentes y de interacciones, es decir, por su complejidad. Esta estaría definiendo, a su vez, una jerarquía de "sistemas de sistemas" y, por ejemplo, al hablar de la sociedad, se estaría hablando de un supra-sistema.

Si tomamos el caso de una organización, su entorno será el ecosistema en el que se desarrolla, el cual estará conformado por otros sistemas humanos con funciones específicas y diferentes jerarquías como los proveedores, los clientes, el estado, el segmento de mercado en el que participa, los competidores, entre otros. En este punto, la principal implicancia de la interacción constante del sistema con su entorno es que el intercambio mutuo implica potenciales influencias y modificaciones mutuas con un alto nivel de complejidad e impredecibilidad.

Es también necesario destacar ciertos rasgos que caracterizan y permiten describir a los sistemas de manera general. Por un lado, el "rasgo estructural" hace referencia a cómo se encuentran organizados sus componentes en el espacio (organización espacial). Esta estructura posee un límite que actúa como frontera que lo separa del entorno, una serie de componentes que puede ser reunida en categorías o familias, unos depósitos, usados para reunir los componentes y en los que se almacena energía, información o materiales y, por último, una red de comunicación que permite el intercambio. Un segundo rasgo que caracteriza los sistemas es el "rasgo funcional" que incluye los procesos que se realizan en su interior; por ejemplo, el intercambio, transferencia, flujo, crecimiento, evolución, etc.

Dos aspectos relevantes del rasgo funcional lo constituyen los bucles de información o de retroalimentación, más conocidos como *feedback*, y los retardos o demoras del sistema. Ambos serán explicados un poco más adelante ya que desempeñan un papel fundamental en el comportamiento de un sistema combinando los efectos de todos los elementos mencionados.

Tomaremos como ejemplo el sistema "familia" para explicar todo lo dicho. En relación al rasgo estructural u organización espacial, ella tendría un límite que separa a los indiviudos, objetos y demás integrantes de los que no lo son y quedan formando parte del entorno. Los componentes serían los distintos individuos que la integran con los roles que cada uno desempeña: padres, hijos, abuelos, tíos, etc. Finalmente aparecería el lenguaje, posibilitando la red de comunicación entre ellos. El aspecto funcional o temporal de esta familia incluiría a los procesos que se dan en su seno: se inicia por parte de la pareja, se expande a través del nacimiento de los hijos; se producen distintos tipos de intercambios entre los componentes y, con la muerte de algún integrante o la separación, se produce el final de la familia en el *status* original.

Esto mismo podría ejemplificarse para el sistema "organización", la cual estructuralmente presenta un límite que la define y separa del entorno, distintos individuos que la componen con roles asignados, diferentes áreas o departamentos en los cuales se genera y almacena información, materiales y trabajo (los depósitos), y por último una red de comunicación en el lenguaje en la forma de canales formales e informales. Desde el punto de vista funcional, en su interior tienen lugar una serie de procesos, incluyendo su misma creación, actividades de negocio que posibilitan el intercambio y transferencia con el exterior que la mantienen activa y le permiten desarrollarse y expandirse, y otros procesos de organización o reorganización como la anexión, fusión, escisión, e incluso su disolución.

Habiendo presentado una base conceptual que permitirá profundizar y adentrarnos poco a poco en el laberinto que este libro va a ir construyendo, invito al lector a realizarse el siguiente interrogante.

¿Qué significa pensar sistémicamente?

P. Senge comienza la *Quinta Disciplina* diciendo que a las personas se les enseña desde pequeños a "analizar" los problemas a fin de resolverlos y que esto supone aprender a descomponer o fragmentar el mundo[10]. Teniendo en cuenta que pensar analíticamente consiste en reducir un problema a sus elementos constitutivos más simples para estudiarlos en detalle y comprender los tipos de interacciones que se producen entre ellos, este aprendizaje lleva al individuo a perder de vista la conexión que tiene y que mantiene con el mundo del que forma parte y, a la vez, le impide distinguir cómo su accionar es tanto parte del problema como de las consecuencias que este produce. A fin de cuentas, esta actividad de "analizar del problema" en lugar de facilitar su resolución, le agrega una complejidad adicional.

En constraste, el pensar sistémico consiste en ver la "totalidad" del sistema conjuntamente con sus patrones de comportamiento. Como decíamos al iniciar el capítulo, es necesario abandonar a los habitantes del bosque y montarse en el lomo de un águila a comprender el funcionamiento

---

[10] Senge, P. (2006). *The Fifth Discipline. The art & practice of the learning organization.* Cap 1, pag. 3. U.S.A.: Doubleday, a division of Ramdom House Inc.

en su totalidad. La mirada sistémica requiere aprender a ver "totalidades" en lugar de ver cosas o situaciones puntuales y desconectadas; requiere aprender a ver patrones de cambio en lugar de situaciones estáticas. Fundamentalmente, requiere aprender a comprender las interacciones dentro del sistema y con el entorno, como un todo.

Son ellas las que definen el grado de complejidad dinámica, en situaciones donde la causa y el efecto son sutiles y los efectos de cada decisión/acción, a través del tiempo, no son visibles o aparentes. Pero lo realmente desafiante de comprender la complejidad dinámica de un sistema radica en que es posible observar que la decisión/acción inicial puede tener efectos diferentes a corto y a largo plazo. Incluso es posible observar que localmente los efectos son unos y, en otra parte del sistema, otros. El cambio climático y los ejemplos compartidos en la sección 1.1 de este capítulo son buenos para mostrar los poderosos efectos de la complejidad de las interacciones.

Parafraseando al autor, quien pueda pensar sistémicamente está en condiciones de ver al mundo con nuevos ojos, siendo capaz de apreciar "círculos de causalidad" en lugar de ver eventos simples de causa y efecto. Esta no parece una tarea fácil cuando la mayoría de los individuos son educados para aprender a ver líneas de causa-efecto, en lugar de círculos donde el efecto de una acción puede ser la causa de otra diferente dentro del mismo sistema. Con un sencillo ejemplo, el autor muestra cómo la forma en que el ser humano construye sus acciones en el lenguaje no favorece esta manera de pensar. Cuando alguien tiene sed, normalmente dice "voy a llenar un vaso con agua"; esta es una sentencia lineal que no estaría reflejando toda la interacción que ocurrirá al llenar el vaso. Si bien lo primero que hace el individuo es acercarse al grifo con su vaso y abrirlo para que el agua empiece a fluir dentro del mismo la acción no termina allí; al mismo tiempo que sostiene el vaso va chequeando la "brecha" entre el nivel de llenado y su objetivo de "nivel de agua deseado". Cuando se acerca a ese nivel, el individuo automáticamente ajusta la posición del grifo para reducir el caudal y cerrarlo completamente cuando el vaso está lleno. Entonces, el llenado del vaso de agua opera en un sistema de "regulación de agua" con cinco variables: posición del grifo, caudal de agua, nivel actual de agua, nivel deseado, y la percepción de la brecha por el sujeto.

Estas variables están organizadas en un bucle de relaciones causa-efecto, al que se llamó "proceso de retroalimentación", que opera de manera continua para llevar el nivel del agua hasta el nivel deseado. Como se decía más arriba al explicar la interacción de los sistemas abiertos con su entorno, este proceso, también llamado *feedback*, hace referencia a un proceso amplio de influencia recíproca, donde toda influencia es, a la vez, causa y efecto. Lo explicado constituye el axioma del pensamiento sistémico.

El pensamiento lineal, al que el individuo occidental está acostumbrado, fragmenta la secuencia remitiendo a una causa unidireccional que solo describe el llenado del vaso de agua. El efecto más relevante de esta forma de pensar es que, dado que no puede ver la secuencia completa de funcionamiento sistémico, tampoco puede apreciar la influencia que cada variable ejerce en el proceso y cuán responsable es cada una en los resultados que surgen como consecuencia.

Por el contrario, la retroalimentación o *feedback* del pensamiento circular, en la que todas las variables son causa y efecto al mismo tiempo, permite reconocer a cada una influyendo y compartiendo responsabilidad por lo que sucede en el sistema. No obstante, si bien las variables o los participantes del sistema comparten responsabilidad por lo que ocurre dentro de él, no necesariamente todos tienen la misma oportunidad de ejercer igual influencia para regularlo o modificarlo.

Poder ver las interacciones y los flujos de influencia recíproca requiere ser capaces de ver la "historia" que ellos cuentan, ya que cada una muestra una parte del proceso que es vital para la comprensión del "problema" y fundamentalmente, para que las decisiones que se tomen con miras a su resolución apunten a resolver la causa raíz y sean sustentables. Posiblemente para el HE conocer estas historias no hubiera tenido ninguna importancia mientras ellas fueran parte del mínimo costo que estaba dispuesto a pagar para lograr máxima satisfacción. Para el HA, ignorante consciente de las interrelaciones, dichas historias podrían no haber formado parte del mundo simplificado que construía al momento de hacer una decisión a fin de resolver su problema. Podría extraerse entonces que tanto HE como HA representan arquetipos del pensamiento lineal.

¿Cuáles son los pilares del pensamiento sistémico?

En la esperanza de haber clarificado las condiciones del pensar sistémico, ahora se hace más sencillo profundizar en las piedras angulares que sostienen ese pensar del que buena parte de la humanidad parecería carecer. La primera de ellas es el proceso de realimentación, retroalimentación o *feedback* ya comentado. Este proceso puede ser de dos tipos: positivo o de refuerzo/amplificación o negativo/compensador. El *feedback* o retroalimentación reforzadora o amplificadora lleva a un comportamiento divergente expandiendo indefinidamente o bloqueando totalmente la actividad. En este proceso el resultado de una acción contribuye a facilitar una transformación en el mismo sentido que los resultados precedentes y sus efectos se acumulan al estilo "bola de nieve". En tal caso, el crecimiento o decrecimiento es exponencial; dice Senge, que este proceso es el motor del crecimiento o de la decadencia. Cuando estos procesos se están produciendo en un determinado sistema, pequeños cambios realizados son amplificados, así como es amplificado el impacto que estos tienen en el sistema. Por ejemplo, es posible observar un efecto reforzador cuando la economía de un país crece de manera sostenida durante un tiempo y la confianza del público actúa para reforzarlo. Otro efecto reforzador se observa al producirse una corrida cambiaria, en la cual la sensibilidad y desconfianza del sistema es tal que hasta la más irrelevante noticia tiene el potencial de acelerar la decadencia.

Por su parte, en la retroalimentación negativa, compensadora, estabilizadora o reguladora –todos sinónimos– los resultados de una acción actúan en sentido opuesto a los resultados anteriores y sus efectos "estabilizan" el sistema favoreciendo su equilibrio. Este tipo de comportamiento es adaptativo, es decir, parece perseguir una finalidad, toda variación en mas, implica una corrección en menos para regularse y mantener el equilibrio. Por ejemplo, llenar un vaso con agua, ir a una determinada velocidad en coche, mantener el peso o lo temperatura coporal.

El segundo pilar del pensar sistémico es otro proceso muy observable en la naturaleza y ha sido llamado "demora" del sistema. Las demoras son presentadas por el PS como interrupciones en el flujo de las influencias recíprocas entre el sistema y su entorno (otros sistemas), es decir, en el fluir de la retroalimentación, y son las causantes de que los efectos de las consecuencias de las acciones realizadas se produzcan gradualmente o, incluso, en un tiempo diferente y lejano a aquel en el que la decisión y acción original tuvieron lugar. Es posible que el o los decisores no sean capaces de comprender la demora de la retroalimentación que una determinada decisión podría producir, en tal caso el riesgo que surge es creer que no tuvo ningún impacto y que por lo tanto "nada ha pasado".

Como comentamos en páginas anteriores, la revolución científica y, su hija, la revolución industrial trajeron innumerables avances en lo tecnológico y en la manera de hacer negocios. Mucho de este desarrollo fue utilizado para generar un pretendido bienestar para los seres humanos y crear riqueza a través de la explotación de los recursos naturales a una escala que el ecosistema del planeta Tierra desconocía hasta ese momento. Los impactos de esa explotación no produjeron sus consecuencias de forma perceptible e inmediatamente, cambiando el clima o provocando el desequilibrio ecológico actual. Los efectos comenzaron a percibirse muchos años después, y durante mucho tiempo el ser humano pensó que nada pasaba.

El decisor lineal

En términos ecosistémicos, podría mirarse al ser humano –en cualquiera de los arquetipos decisionales presentados– como un decisor que no ha aprendido a reconocer que casi todo lo que sucede desde que se convirtió en la especie dominante del planeta sucede gracias a su participación, y que cualquier interacción que realiza con otros humanos o grupos humanos y/o con el ecosistema también lo cuentan como protagonista de lo que ocurrirá a partir de ellas. Desafortunadamente, esta manera lineal de tomar decisiones no le ha permitido apreciar su intervención en el proceso completo que tiene lugar y, por tanto, tampoco su propia responsabilidad en los resultados que produce y experimenta. Por ejemplo, puede que ciertos individuos juzguen que "no hicieron nada" para que la capa de ozono se hubiera afinado, entonces no tienen por qué hacerse cargo de darle consideración al tema, de colaborar en su reparación, o de tomar medidas que contribuyan a no seguir agravando la situación. Otros podrían pensar que, como tampoco inventaron la máquina de vapor ni la energía fósil ni sus modalidades de explotación, no tienen por qué responsabilizarse por la contaminación ambiental; o que, como no son dueños de las empresa que realizan emisiones contaminantes, tampoco son responsables por su ocurrencia.

Como decía Senge, el pensador lineal solo es capaz de ver una parte del círculo de causalidad y entonces, la responsabilidad solo queda circunscripta también a ella. Sin embargo, en los ejemplos compartidos, si bien muy pocos de los humanos hoy vivientes originaron el afinamiento de la capa de ozono, se podría decir que la mayoría de los humanos hoy vivientes contribuyen a agravar la situación a través del uso de ciertos tipos de pinturas, aire acondicionado y combustibles fósiles, para mencionar algunos ejemplos. Lo mismo sucede con aquellos que creen no tener responsabilidad por los gases contaminantes; tal vez no sean los autores de las emisiones, pero posiblemente nadie se salve de colaborar con ellas, en tanto y en cuanto continúan consumiendo los bienes producidos por quienes los emiten: automóviles, combustibles, productos de cemento, etc. Todos los participantes del sistema comparten responsabilidad por los resultados de las interacciones que se realizan en él y con otros sistemas, aunque no todos tengan las mismas chances de ejercer influencia para modificar el rumbo.

En resumen, el enfoque sistémico parecería ofrecer una respuesta parcial a la pregunta: ¿por qué no se abandonó todo al momento de comenzar a percibir las consecuencias? La mirada lineal que solo es capaz de mirar procesos cuasi instantáneos de causa y efecto, en lugar de círculos de causalidad, responsabilidad y demora sistémica, es esa respuesta parcial. Los resultados indeseados afectan a toda la humanidad, pero muchos no parecen considerarse responsables de ello y mucho menos, de parar la maquinaria productora, ni siquiera, los mayores productores del desequilibrio ecológico.

Sin embargo, dicha respuesta parcial parece insuficiente para dirimir la causa raíz del decidir lineal humano, un decidir que lo ha dejado prisionero de una forma de vivir en la que muchos de los resultados que obtiene están lejos de ser los que quiere; un vivir que en la actualidad es ampliamente criticado, pero del cual le es difícil escapar, y donde el espectro de riesgos que es capaz de evaluar solo está concentrado en aquellos eventos que pueden impedirle la satisfacción de sus necesidades y de los objetivos que se plantea a tal fin, tal como lo haría el HE y el HA. También es una respuesta insuficiente para responder a preguntas como ¿por qué los países que más emisiones de efecto invernadero realizan no ratificaron, en su momento, el Protocolo de Kioto? ¿Por qué hubo países que se negaron a firmar el Acuerdo de París por el cambio climático en

2016? ¿Por qué Estados Unidos se retiró formalmente del acuerdo a fines de 2019?

Poder acercar una interpretación útil para responder estos interrogantes y otros similares requiere recurrir a algunas disciplinas y miradas adicionales que, juntas, sirvan también como activador de la auto-reflexión y el protagonismo.

Capítulo 2
El *driver* del decisor

Encontrar la causa raíz de la decisión lineal requiere poder ver más allá del afán individualista por obtener el máximo beneficio al menor costo del HE, o del afán del HA de encontrar pronta satisfacción a sus necesidades en un mundo simplificado. Encontrar la causa raíz requiere sumergirse, de alguna forma, en el sustrato de esas motivaciones. ¿Qué hace que el humano – individual o agrupado social, política o económicamente – solo pueda lograr lo que desea o necesita decidiendo con grandes anteojeras que lo privan de verse parte de un ecosistema y con responsabilidad por lo que hace en él, por los impactos que genera y por los resultados que estos producen? ¿Qué hace que no sea capaz de plantearse ciertos dilemas a la hora de decidir? Tal vez, encontrar la causa raíz de la decisión lineal sea algo tan profundo como encontrar la causa de la ausencia de ética en sus desiciones como reconocimiento de que existen otros seres dentro del ecosistema con los cuales coexiste, convive y en quienes sus acciones impactan.

Dándome cuenta a estas alturas de la complejidad y seriedad de la tarea y observándome demasiado comprometida como para abandonar el desafío, el paso a continuación será adentrarme en terrenos donde mi ceguera aumenta de forma exponencial pero en donde creo habrá un aprendizaje rico y necesario. El objetivo es lograr una comprensión fundamentada acerca del ser humano detrás del decisor lineal, entendiendo que, ante todo, se trata de un organismo viviente dentro de un ecosistema biológico y cultural.

A tal fin, este extenso capítulo se inicia con una visita a algunas ciencias naturales que han estudiado y descubierto, a medida que los avances tecnológicos lo posibilitaron, aspectos y áreas de interés que van a resultar relevantes en nuestra tarea de conocer mejor al animal humano. Solo por nombrar a las que aportaron un valor especial a este trabajo se mencionan la biología, la ecología, la genética y la sociobiología. Más adelante, el capítulo continúa indagando extensamente en la cultura humana, en la formación y construcción de lo que hoy llamamos cultura occidental.

2.1 Indagando en su biología

Este habitante del planeta, cuyas acciones y resultados lo presentan como un decisor lineal, es, ante todo, un ser cautivo de una biología que opera para mantenerlo vivo, un ser que vive y se desarrolla dentro de un medio – también llamado ecosistema. Dada esta comprensión, parece relevante preguntarse si, desde un punto de vista biológico, ecológico y, si fuera posible, genético, el ser humano es constitutivamente un decisor lineal. Si este fuera el caso, también parece relevante descubrir si aprender a ver círculos de causalidad y demora es un aprendizaje impensado dada su condición y si, consecuentemente, aprender a tomar decisiones éticas –con plena visibilidad de lo que ellas pueden generar y eligiendo respetar a los otros dentro del ecosistema– es una utopía.

Biología y Ecología

A la luz de la biología, el ser humano es uno más entre los seres que viven en la naturaleza, un mamífero con orígenes, historia evolutiva, propiedades y en amplia relación con el medio en que vive. La teoría de la evolución ha sido clave para explicar científicamente el *status* del humano en el planeta. Desde 1859, año en que Charles Darwin publicó su obra el *Origen de las Especies* y desarrolló –paralelamente con Alfred Wallace– el concepto de selección natural, este ha sido ampliamente estudiado, debatido y reinterpretado, pero aún vigente.

La ecología– rama de la biología centrada en el estudio de la interacción de los seres vivos con su hábitat específico, su abundancia y distribución– propone que todo organismo, en el ciclo de crecer, reproducirse y morir, es afectado por las condiciones en las que vive y por los recursos que es capaz de obtener para sostener la vida (comida, espacio, pareja, luz, aire). Durante esa secuencia, ningún organismo vive en aislamiento, al menos en algún período de su vida forma parte de una población de individuos de su misma especie.

En esta danza de la vida, la supervivencia y la reproducción determinan la contribución que cada ser vivo hace a la siguiente generación, por ello, cuando los recursos son escasos, los individuos en el ecosistema compiten unos con otros. Esta competencia –llamada intra-específica cuando tiene lugar entre individuos de la misma especie y extra-específica cuando refiere a individuos de distinta especie– disminuye la cantidad disponible para cada uno. Incluso, algunos de ellos pueden verse privados de recursos y, consecuentemente, su tasa de desarrollo, supervivencia y fertilidad –es decir, su contribución con la siguiente generación– se ve comprometida.

Estos conceptos mínimos y básicos son aplicables al ser humano en tanto organismo vivo. Sin embargo, su misma biología dotada del lenguaje y de un cerebro más grande que el de sus predecesores posibilitó un tipo de evolución desconocida en otras especies vivientes, e incrementó la complejidad de los procesos dentro de la secuencia de supervivencia, desarrollo y contribución con las siguientes generaciones. Inmerso en esa complejidad, el ser humano ya no solo requiere comida, espacio, pareja, luz o aire. Los llamados "recursos" han acompañado la evolución, ampliándose para incluir un abanico de cosas materiales y estados que, lejos de asegurar su supervivencia física, también son interpretados como aseguradores de otros tipos de supervivencia.

Si la competencia por los recursos fuera la única conducta posible en las especies, bien podría cerrar mi computadora y dejar de escribir, ya que no pareciera haber espacio para otros aprendizajes. Afortunadamente, las mismas disciplinas han mostrado que, concomitante con ella, los seres vivos desarrollan otras formas de interacción: la colaboración entre individuos e incluso, pero con mucha menor frecuencia, el altruismo o habilidad para favorecer a otros en detrimento propio. Estas conductas serán exploradas a continuación.

Socio-biología

En el afán de buscar la causa raíz del pensar lineal en la biología del decisor, sin saberlo, esta autora estaba haciendo sociobiología. Hago el reconocimiento de ignorancia de una contadora pública y *coach* ontológico, que poco y nada ha estudiado sobre ciencias naturales, pero que, profundamente interesada en comprender al ser humano e impulsada por el motor de la indagación en tanto docente universitaria y de la contribución, a través de la escritura de este libro, se vio abducida completamente por esta disciplina.

En la década de los setenta aparece *Sociobiology: The New Synthesis*, publicación del biólogo Dr. Edward Wilson en la que define a la sociobiología como "el estudio sistemático de la base biológica de todas las conductas sociales" (Wilson, 1975: 4). Ella se concentra en estudiar las sociedades animales, la estructura de sus poblaciones, las castas en las que se dividen, la comunicación y la fisiología que posibilita su adaptación social, reconociendo que hay una base biológica subyacente en toda conducta social, llámense competencia, colaboración o altruismo. Actualmente sostiene que, en esa base biológica, la selección natural planteada por Darwin queda entendida como el proceso por el cual ciertos genes ganan una mayor representación en las siguientes generaciones, respecto de otros genes ubicados en la misma posición dentro del cromosoma.

Esta misma idea fue propuesta primeramente por el biólogo inglés Dr. Richard Dawkins en su libro *El Gen Egoísta*. Allí afirma que el único propósito de la selección natural es transmitir genes a las siguientes generaciones. Ya no es el individuo de cualquier especie el objetivo de preservación de la evolución, sino los genes que ese individuo es capaz de dejar en su posteridad o, más precisamente, los rasgos genéticos prescriptos por el gen[1].

Bajo esta nueva luz, todas las conductas mencionadas –competencia, colaboración y altruismo– serían posibles en tanto y en cuanto ellas puedan favorecer la pervivencia de los genes y sus rasgos en la posteridad. Esto significa que ninguna de las conductas se produce de forma desinteresada –ni siquiera el altruismo; en cualquier caso, los genes buscarían perpetuarse.

La colaboración

Más arriba trató de mostrarse cómo la competencia por los recursos queda definida como conducta –por *default*– frente a la supervivencia; esta conducta a todas luces individualista también "compite" con otras, que los especialistas denominan conductas pro-sociales porque tienen el potencial de incluir y favorecer a otros individuos y especies dentro del ecosistema, diferentes de quien las usa.

Por ejemplo, la conducta de colaboración que suele darse en la interacción entre individuos, tendría diferentes causas. Por un lado, y de

---

[1] Dawkins, R. (1976). *The selfish gene*. United States: OUP.

acuerdo con Wilson[2], algunas interacciones tienden a favorecer a aquellos que forman parte de la familia y, más específicamente, priorizan a la descendencia. Cuanto más estrecho es el lazo o cercanía familiar, el individuo se siente más propenso a colaborar; por ejemplo, se siente más inclinado a ayudar a sus hermanos que a sus primos, o a sus hijos más que a sus hermanos. En este caso, y a nivel del individuo, la selección natural es llamada selección por parentesco y opera elevando las chances de que los genes que comparte con sus parientes sobrevivan y pasen a la siguiente generación.

Otra forma de colaboración es la reciprocidad directa o intercambio entre individuos de la misma e, incluso, de distinta especie, en situaciones que crean las condiciones para el beneficio mutuo; por ejemplo, algunos simios y cuervos suelen emitir sonidos o avisos cuando encuentran nuevas fuentes de alimento o cuando quieren espantar a otros animales peligrosos que se acercan. Entre los humanos, podría darse cuando individuos colaboran uniendo sus fuerzas físicas para sacar de la vía pública un obstáculo o para empujar un coche que se descompuso. También cuando un vecino da aviso a la policía si tiene oportunidad de notar algún movimiento inusual en la casa de otro vecino ausente. Mi madre solía decir "Una mano lava la otra y las dos lavan la cara".

Pero también, la conducta colaborativa podría darse por reciprocidad indirecta cuando el individuo busca beneficiarse personalmente a partir de formar parte de un grupo; básicamente, persiguiendo su propio interés. Algunos ejemplos bien conocidos podrían citarse: diferentes tipos de alianzas que hacen algunos grupos sociales, económicos e incluso políticos en pos de lograr sus propios objetivos e intereses y alianzas de colaboración empresarial para diferentes fines (compras comunitarias, centros compartidos de servicios, entre otros).

Parece quedar claro que la colaboración como estrategia evolutiva tanto a nivel del individuo como de grupo, favorece sus chances de supervivencia. Desde el punto de vista de la selección natural, los genes que prescriben el rasgo colaborativo logran adquirir ventaja, en su carrera por pasar a las siguientes generaciones. Una buena combinación de competencia y colaboración podrían ser determinantes a la hora de definir quien logra perdurar.

---

[2] Wilson, E. (2019). *Genesis: the deep origin of societies*. Chapter 2, pag. 36. United States: Liveright Publishing Corporation.

Altruismo

Esta conducta también pro-social es definida como el sacrificio de un individuo con miras a favorecer a otro u otros. Imagínese a un padre dando su vida por su hija/o, a una persona compartiendo su sueldo con otros, a una hijo/a sacrificando tener su propia familia por cuidar de sus padres, etc.

Si bien el altruismo puede ser apreciado en muchas especies animales, Wilson[3] reconoce que es uno de los pilares que distingue a las especies llamadas "eusociales", como lo es la especie humana. Nuestra especie, junto a las hormigas, termitas y otras diecisiete descubiertas a la fecha –forman el reducido grupo de especies que han llegado a este estadio evolutivo en el cual pasan a funcionar como un "superorganismo". Las especies eusociales muestran una compleja organización basada en el más alto nivel de colaboración, altruismo y división del trabajo. Los miembros cooperativamente crían a los jóvenes y dividen el trabajo a través de un esquema de castas reproductora y no reproductora –aunque sea parcial-mente– que incrementa el éxito reproductivo de los otros miembros del grupo. Esta evolución tan poco frecuente en la naturaleza posibilitó a las hormigas, termitas y humanos, dominancia ecológica sobre la tierra.

Pero siendo el altruismo por definición una conducta que reduce la adaptación del individuo al favorecer a otros a costa de sí mismo, ¿cómo pudo evolucionar por selección natural? ¿Cómo pudieron los genes que prescriben el rasgo altruista perpetuarse, cuando además prescriben el auto sacrificio? Parecería una contradicción. La respuesta que el Dr. Wilson ofrece es que cada transición de la evolución pudo haber sido favorecida por un tipo de selección natural de tipo "multinivel" que habría operado a nivel del grupo al mismo tiempo que a nivel del individuo. La selección de grupo implica una mezcla de competencia, colaboración y altruismo entre grupos diferentes, dentro de los cuales ciertos individuos aceptan sacrificar su propia vida o su habilidad para reproducirse o ambos, para beneficiar al conjunto, con la intención de que ese sacrificio le otorgue al grupo alguna ventaja en competencia con otros grupos. El gen altruista se esparciría a través de la población por mutación y selección natural. Por ejemplo, piénsese en aquellos que se inmolan por su país en las guerras:

[3] Wilson, E. (2014). The meaning of human existence. Chapter 6, pag. 61. United States: Liveright Publishing Corporation.

ellos mueren, pero su país obtiene la victoria y una ventaja competitiva sobre su/s oponente/s.

En palabras del autor:

> Un individuo en un grupo que compite con otros individuos por comida, pareja y status, está involucrado en selección natural a nivel del individuo. Individuos que interactúan con miembros de otros grupos en formas que producen organización superior a través de jerarquías, liderazgo y cooperación, están involucrados en selección natural a nivel del grupo. (Wilson, 2019: 87)

Y aquí quiero hacer notar que el altruismo, tanto a nivel del individuo como del grupo, parece operar en condiciones de competencia con otros individuos o grupos; la profundización de este aspecto será desarrollada un poco más adelante.

Genética

La sociobiología fue intensamente cuestionada en sus comienzos. Más tarde y con el advenimiento de las neurociencias, los avances en genética y en la tecnología, ha sido ampliamente aceptada.

La genética surge como disciplina con el trabajo del monje austríaco Gregor Mendel en 1865 sobre las leyes de la herencia genética; partir de ese momento, numerosos estudios e investigaciones se sucedieron –especialmente durante el siglo XX– e innumerables descubrimientos se realizaron con ayuda de la tecnología. Uno de los mayores logros fue anunciado en el año 2003 cuando se terminó de decodificar el genoma –mapa completo de genes de una especie– del ser humano.

Teniendo en cuenta que la sociobiología propone que las conductas sociales tienen un basamento biológico, la idea de este apartado es ir un poco más allá e indagar si el altruismo y la colaboración podrían tener también una base genética. Específicamente, la idea es descubrir si actualmente existe alguna evidencia científica del rasgo genético que favorece estas conductas en los seres humano. Parece una indagación interesante si se piensa que el altruismo es una conducta por la cual los genes se auto-sacrifican. A continuación, se presentan dos estudios realizados en el presente siglo que podrían responder preliminarmente el interrogante.

Investigación sobre el Gen AVPR1a

El primer estudio fue realizado por el equipo del profesor Ariel Knafo y Richard Ebstein de la Universidad Hebrea en Jerusalén y publicado en 2008 en la revista Nature;[4] a través de un ejercicio económico llamado el juego del dictador, los científicos encontraron una conexión entre el gen llamado AVPR1a y la conducta no compasiva –incluyendo la conducta "despiadada"– observada en seres humanos.

El equipo del Dr. Knafo prestó especial atención al gen en cuestión porque produce receptores que detectan la hormona vasopresina en el cerebro. Esta hormona ya había sido identificada como involucrada en el altruismo y otras conductas pro-sociales. Conociendo esto, el equipo se interesó en averiguar si las diferentes formas en que esos receptores se expresan en el cerebro humano eran capaces de favorecer, en mayor o menor medida, la generosidad como comportamiento en diferentes personas.

La experimentación realizada también incluyó el análisis de ADN de más de 200 estudiantes que voluntariamente participaron, cuyas muestras habían sido tomadas antes de solicitarles participar en el juego del dictador. Para realizar el juego se dividió a los estudiantes en dos grupos: dictadores y receptores. El mismo consistía básicamente en que los integrantes del primer grupo recibían una suma de dinero que podían voluntariamente compartir o no con los receptores– a los que nunca iban a conocer. El grupo de los dictadores sabía que la suerte de los receptores dependía de su generosidad.

Los resultados de este interesante experimento mostraron que el 18% de los dictadores no compartieron el dinero. Alrededor del 30% compartieron la mitad del dinero y el 6% lo dio todo. Pero lo más importante fue que el estudio genético de los participantes mostró una conexión entre la longitud del gen AVPR1a y la actitud egoísta; cuanto más corta era la versión del gen más probable se hacía el comportamiento egoísta. Técnicamente, los científicos creen que la causa radica en que los receptores de la hormona vasopresina de la gente con un gen AVPR1a más corto podrían estar distribuidos de una forma tal que se hace menos probable el sentir recompensa emocional por el acto de dar.

[4] Hopkin, M (2008). 'Ruthlessness gene' discovered. Nature, April 4 2008. International weekly Journal of Science. https://www.nature.com/news/2008/080404/full/news.2008.738.html

Este resumen apretado del artículo busca reflejar el sentido estricto y las conclusiones relevantes para este trabajo. En pocas palabras, el estudio parece mostrar una cierta base genética para la conducta generosa, producida a partir de la configuración puntual de este gen.

Estudio sobre el Gen COMT Val158Met

Otro estudio interesante publicado en el año 2011 fue liderado por el biólogo Martin Reuter y un equipo de científicos del Departamento de Psicología y el Centro de Economía y Neurociencia de la Universidad de Bonn en Alemania[5]. Su título lo explica todo *Investigando la base genética del altruismo: el rol del polimorfismo COMT Val158Met*.

La pregunta central del trabajo fue si el altruismo representa un rasgo humano con un impacto genético fuerte, o si se trata de una conducta aprendida e influida por la crianza familiar, educación u otros factores ambientales, como la religión. A su vez, tuvo la intención de extender lo conocido hasta ese momento acerca de la base genética (al nivel molecular) de las conductas pro-sociales, investigando el rol potencial del polimorfismo del gen COMT Val158Met en el altruismo, sobre 101 estudiantes alemanes de raza caucásica de los que se tomaron muestras de ADN.

El experimento tuvo tres partes. Primero, los estudiantes recibieron un pago por la participación en un experimento de memoria de trabajo. Luego, se les dio la oportunidad de incrementar ese dinero en un experimento que involucraba un juego. Por último y más importante, los participantes podían elegir guardarse el dinero o donarlo (en un pretendido anonimato) totalmente o en parte, a una niña carenciada de un país en desarrollo. El altruismo de esta acción fue medido a través de la cantidad de dinero donada y del porcentaje que representaba lo donado por cada participante.

Al nivel del genotipo –o información genética de un organismo en forma de ADN– había tres valores diferentes para el gen estudiado (Val/Val, Val/Met y Met/Met) y al nivel de los alelos –las variaciones con las que el gen se puede expresar– dos valores: Val+ (para los genotipos Val/Val y Val/Met) y Val- (para el genotipo Met/Met). El análisis de los resultados del experimento mostró que los portadores del gen con la variante del

---

[5] Reuter, M. et al. (2011). *Investigating the genetic basis of altruism: the role of the COMT Val158Met polymorphism*. Oxford University Press. https://doi.org/10.1093/scan/nsq083. Consultado el 22 de enero de 2019.

grupo Val+ donaron alrededor de la mitad (43%) de su dinero, mientras que la donación de la variante del grupo Val-solo fue del 22%.

Nuevamente, los resultados de este estudio parecen aportar evidencia de la conducta generosa expresada en la configuración puntual de este otro gen.

¿Dónde nos deja la reflexión realizada?

La competencia como estrategia de supervivencia opera entre individuos y grupos. En sí misma, es una estrategia lineal e individualista a la que solo le importa la propia supervivencia, desarrollo y pervivencia. Si de colaboración se trata, cuando se traduce en reciprocidad indirecta también se aprecia una intención lineal e individualista porque el interés de la persona o grupo no sería colaborar para el beneficio de los involucrados, sino más bien para beneficiarse de lo que todos pueden generar, incluso si este mismo no aporta nada. Por su parte, la colaboración por parentesco, la reciprocidad directa y el mismo altruismo muestran una inclinación pro-social. Sin embargo, esto no necesariamente las convierte en estrategias no lineales o ecosistémicas.

Es importante en este punto distinguir que el rasgo genético presente en las estrategias no funciona solo sino en conexión con una impronta cultural que define esas conductas y las califica como más o menos valiosas. Por ejemplo, un padre o madre frente a la disyuntiva de salvarse a sí mismos o salvar a su hijo/a, no solo se verán movilizados por el rasgo altruista que favorece el parentesco sino también por creencias culturales que dicen que los padres deben morir primero que los hijos o que los padres deben sacrificarse por sus hijos. Incluso sin que el rasgo altruista estuviera presente en ellos, la impronta cultural podría ser tan fuerte como aquel y producir el mismo resultado. Baste por el momento dejar planteado el tema, ya que la influencia cultural en la conducta será desarrollada en detalle, en la próxima sección.

En cualquier caso, volviendo a la pregunta planteada al inicio, observamos que hasta las más altruistas de las intenciones pueden resultar en decisiones y conductas lineales si buscan favorecer solo a ciertos individuos o grupos en competencia con otros. Dicho de otro modo, siempre que la competencia sea la inquietud subyacente de una decisión, altas chances hay de que esta resulte lineal y que el ecosistema en el cual se hace no sea éticamente considerado.

La indagación y reflexión efectuadas a lo largo de estas páginas, con la finalidad de descubrir si el ser humano podría ser juzgado un decisor constitutivamente lineal desde el punto de vista biológico, genético y ecológico, permiten proponer una respuesta preliminar. Teniendo en cuenta que los genes encontraron la manera de mutar y dar lugar a estrategias que, combinadas y sobre la base de la competencia, trabajan para favorecer su supervivencia, proliferación y perpetuidad, este camino evolutivo habría sido la piedra angular sobre la cual se construyó el decisor lineal.

Lo que aun no parece claro es si la decisión ética - diferente de una decisión altruista o colaborativa porque aun operando en condiciones de supervivencia reconoce y respeta a otros y está en consonancia con el ecosistema –también podría tener una base genética. La estrategia que buscamos descubrir es la que permita mantener dicho respeto, a pesar de la impronta genética que lleva a competir y subyace la existencia humana. Tal ética no parece quedar en evidencia ni ser posible en las estrategias desarrolladas y estudiadas ampliamente por las disciplinas visitadas. Veamos esto más detalladamente.

En la colaboración directa la competencia no parece estar presente, por ejemplo cuando se hacen contribuciones sociales sin que medie un interés o beneficio evidente y directo de quien contribuye, y una necesidad declarada por los que reciben la contribución. Podría ser el caso de la decisión de ofrecer libremente una vacuna, una invención, un software abierto; posiblemente el motivador principal de la estrategia no sea la supervivencia sino la pervivencia o trascendencia y siendo así, no aplica para hablar de ética. Por el lado de la colaboración indirecta entendida como una competencia enmascarada que busca el propio interés y no se preocupa por los otros, la ética no parece tener lugar. Si hablamos de la colaboración por parentesco queda claro que la intención de quien colabora –sea o no deliberada– es favorecer a sus parientes o amigos por encima de otros individuos; aquí el reconocimiento hacia otros –diferentes de esos– no se vería reflejado y por lo tanto tampoco sería una estrategia que propicia decisiones éticas. Finalmente, el altruismo como sinónimo de actitud generosa que se sacrifica por otros, tiene en la raíz hacer más competitivo a aquel que recibe el premio a su sacrificio; más que respeto –por otros– parece mostrar compasión por la situación desventajosa del o los individuos o grupos que se benefician, en contraposición a los que no. Aquí tampoco la ética que buscamos parece tener espacio.

Solo apostando a una hipótesis, sugiero que, si la ética estuvo presente en los genes humanos, en algún punto del camino dichos genes perdieron por mutación el rasgo que la hacía posible o bien dejaron de expresarse. En términos de selección natural, ese rasgo habría actuado como un ralentizador de la contribución de genes exitosos a las futuras generaciones y dado que los rasgos que no ofrecen ventajas competitivas en la evolución no se perpetuarían, cabe pensar que se perdieron o, al menos, se apagaron con el tiempo. La genética nos enseña que los genes se heredan, así como el estado genético interno de cada individuo –su genotipo[6]. Los rasgos prescriptos por los genes se expresan o convierten en rasgos observables en el individuo en su morfología, fisiología o conducta, lo que se conoce como "fenotipo", dependiendo de la interacción del genotipo con el ambiente externo[7]. En este sentido, la rama de la genética llamada epigenética nos enseña que al código genético ya conocido se le superpone el código epigenético, el cual funciona como "traductor" del medio ambiente y cuyos mecanismos pueden modificar la expresión de los genes sin que se hubieran producido cambios en la secuencia –letras o código– del ADN. Ellos funcionarían como un registro del entorno, como la memoria del medio ambiente al que estuvieron expuesto. Al parecer, el ambiente puede modificar dicho código epigenético, encendiento o apagando genes, dando cuenta del medio al que el individuo estuvo expuesto[8].

En un ambiente favorecido por estrategias de base competitivas, el rasgo genético con posibilidad de producir la decisión ética habría tenido pocas chances de expresarse y prosperar por evolución. Si lo hizo y todavía duerme en nuestros genes, en la medida que el ambiente continúe siendo el mismo, el rasgo ético no tendrá posibilidad de hacerse visible.

Una existencia vivida en consonancia con el ecosistema hubiera impedido muchas de las decisiones capaces de poner en peligro a otros, dentro

---

[6] Austin, C. (s.f). *Talking Glossary of Genetic Terms: Fenotipo. National human Genome Reaserch Institute*. Original en: https://www.genome.gov/es/genetics-glossary/Fenotipo

[7] Barbadilla, A. (s.f). *Ensayos sobre Genética*. Conceptos básicos: Genotipo y fenotipo. Universitat Autònoma de Barcelona. Nota original en: http://bioinformatica.uab.es/base/base3.asp?sitio=ensayosgenetica&anar=conceptos&item=genoti

[8] Brocco, M. (2015). Epigenética: el mecanismo por el cual el medio ambiente influye sobre los genes. Descargado de https://www.conicet.gov.ar/epigenetica-el-mecanismo-por-el-cual-el-medio-ambiente-influye-sobre-los-genes/

y fuera del grupo, y a la naturaleza en su conjunto. A la vez, posiblemente, hubiera impedido el éxito evolutivo del que aún gozan los genes humanos.

¿Y por qué la consonancia con el ecosistema ofrece menores ventajas o las elimina? La hipótesis aquí sería que mantener dicha consonancia requiere dejar de competir, detener la marcha para mirar alrededor identificando consecuencias de una potencial decisión, imaginar escenarios posibles, y luego decidir pensando en la totalidad y no solo en una fracción de la escena. Es posible que, en algún momento, el ser humano haya sido capaz de esa consonancia casi instintivamente, tal vez abrumado por lo inmenso, sobrecogedor y sin duda inexplicable de lo que tenía lugar en la naturaleza alrededor suyo. En ese contexto su temor frente a lo desconocido y frente a su supervivencia pudieron impedirle realizar acciones perjudiciales para con el entorno. Sin embargo, en algún momento el mismo miedo le mostró que, con la ayuda y el sacrificio de otros, podía lograr muchas cosas, incluso cierto control sobre el ecosistema. Muchos de los resultados, decisiones y acciones que aun hoy se aprecian parecen indicar que el ser humano continúa viviendo y funcionando en términos de ese miedo, compitiendo, colaborando y sacrificándose por otros, sin que el ecosistema sea un obstáculo para él, mayormente sin tenerlo en cuenta en sus decisiones.

El miedo escrito en los genes

La eterna lucha por la supervivencia y el miedo a morir que nos acompaña no parece haber sido superado por el desarrollo que tuvo lugar mientras la evolución socio-biológica del humano se producía, más aún, ese desarrollo pudo haber contribuido grandemente a seguir atados a él. Se sabe que el ser humano posee un sistema límbico – cerebro primitivo o emocional – que funciona como un banco de aprendizaje de experiencias emocionales y que trabaja permanentemente escaneando estímulos que pueden indicar una amenaza. Según la experiencia haya quedado guardada o no, reaccionará la siguiente vez que se presente una situación similar.

Pero, ¿es posible que el miedo sea un rasgo prescripto por los genes? Para contestar esta pregunta comentaré brevemente los resultados de un estudio realizado por el mismo equipo de la Universidad de Bonn mencionado en líneas anteriores y publicado en el año 2008 en la revista

Behavioural Neurosciencie[9]. La investigación tuvo como objetivo estudiar nuevamente el gen COMT y cómo su variación genética podía afectar el procesamiento del miedo innato. Se sabe que el mencionado gen codifica una enzima que cataboliza la dopamina, la cual ha sido asociada por estudios anteriores con la ansiedad, el temperamento ansioso y las alteraciones en las respuestas nerviosas hacia estímulos afectivos en personas sanas.

El objetivo era cuantificar diferencias en la regulación emocional entre individuos a través de un análisis de ADN combinado con un enfoque bien conocido, de tipo psico-fisiológico, usado para medir la regulación del miedo a través del reflejo de sobresalto (ASRM por sus siglas en inglés). Este reflejo involucra una serie de respuestas involuntarias en el individuo ante un estímulo repentino e intenso y en los humanos se mide a partir de la amplitud del reflejo de pestañeo.

Para llevarlo a cabo se seleccionaron noventa y seis mujeres caucásicas de origen alemán de un banco genético de datos, catalogadas acorde con su patrón genotípico/alelo. Las participantes fueron sentadas en una silla frente a una computadora que estaba a un metro de distancia, se les adhirieron electrodos sobre el músculo orbicular del ojo izquierdo para medir el reflejo de sobresalto y se les pidió usar auriculares. Ellas debían mirar una serie de fotos o imágenes que fueron seleccionadas para inducir sentimientos placenteros, de miedo o amenaza y neutros. El sobresalto, a su vez, fue producido por un sonido elaborado a esos efectos.

El estudio concluyó que la variación genética (o polimorfismo) Val-158Met del gen COMT regula decisivamente el procesamiento del miedo innato, la cual podría variar entre individuos.

Esta conclusión aporta cierta evidencia científica y permite responder afirmativamente al interrogante sobre la contribución genética a la expresión y procesamiento del miedo –a morir– escondido en la lucha por la supervivencia, como miedo innato. Asumiendo como fundada tal conclusión, ¿significará que se trata de un rasgo al día de hoy inmodificable, como el color de ojos, y que ya no hay nada que pueda hacerse para que dicha emoción siga dirigiendo las decisiones y las acciones humanas? ¿Podría tomar la evolución un camino o rumbo diferente?

[9] Montag, C. et al (2008). COMT Genetic Variation Affects Fear Processing: Psychophysiological Evidence. Behavioral Neuroscience: The American Psychological Association 2008, Vol. 122 N°4 901-909
https://doi.apa.org/doiLanding?doi=10.1037%2F0735-7044.122.4.901

Invito al lector a reservar esta pregunta para encontrar una respuesta un poco más adelante.

2.2 Los aspectos culturales del decisor

Como se comentó anteriormente, el Dr. Wilson propone que lo que convirtió a la especie humana en una especie eusocial fue la evolución genética multinivel, en la cual la selección a nivel del grupo fue determinante, ya que tuvo el poder de generar altruismo con base genética, división del trabajo y colaboración entre los miembros. La colaboración y el altruismo, como conductas al servicio del grupo, requirieron un alto nivel de inteligencia social[10] posibilitada por el lenguaje y la evolución mental que tuvo lugar a medida que el tamaño del cerebro humano aumentaba para alcanzar el nivel del homo sapiens. Con un efecto similar, la competencia a nivel de grupos, funcionó como una fuerza impulsora de la evolución social ya que fomentó la formación de alianzas entre algunos grupos para competir con otros.

En este caldo evolutivo tuvo lugar la formación de la cultura – y la evolución cultural– que definitivamente hizo posible la manera particular de relacionamiento humano. El desarrollo biológico no sucedió separadamente del social y cultural, sino que se influenciaron mutuamente[11].

Es justamente el propósito de esta sección indagar y reflexionar acerca de cómo el desarrollo cultural contribuyó a alentar y retroalimentar conductas en cuya raíz se expresa el miedo de base genética, y de mantener al ser humano cautivo de sus ancestrales conductas lineales y yo-céntricas.

La cultura como fenómeno humano ha sido discutida extensamente por distintas ramas del saber. En las líneas que siguen solo se pretende compartir una interpretación, ojalá útil a la finalidad perseguida, pero de ninguna manera intenta definirla sino más bien mirarla ecosistémicamente.

Tal como dijimos, todo lo relevante para el individuo lo ha sido en términos de supervivencia, desarrollo y pervivencia –es decir, de su miedo a morir– cualquier aprendizaje realizado a lo largo de sus muchos años

---

[10] Wilson, E. (2019). *Genesis: the deep origin of societies*. Capítulo 7, pag. 123. United States: Liveright Publishing Corporation.

[11] Whitehead, H., Laland, K., Rendell, L., Thorogood, R. & Whiten, A. (2019). *The Reach of Gene–Culture Coevolution in Animals*. Nature Commun 10, 2405 https://doi.org/10.1038/s41467-019-10293-y

de evolución buscó asegurar necesidades básicas como el alimento, refugio, cuidado y sexo. Más tarde, o más temprano, nuevos aprendizajes le mostraron que podía lograr todo eso y a la vez mejorar su existencia, encontrar disfrute e incluso, extender su supervivencia, simplemente mejorando su calidad de vida. En este doble propósito, la interacción entre individuos –que llevó a la conformación de grupos– fue determinante en la formación de la cultura humana como fenómeno que contiene y define la vida en sociedad.

Las conductas pro-sociales de colaboración y altruismo quedaron inscriptas en los genes –tal vez los rasgos ya estaban presentes y lograron expresarse dentro del ambiente– dado que ellas aseguraban que estos pasaran a las siguientes generaciones y se perpetuaran. A nivel del individuo y de su grupo de pertenencia, en la medida en que ellas fueran capaces de asegurar su supervivencia y bienestar, ese "saber colaborar, saber ceder terreno o saber sacrificarse" pudo establecerse como accionar predeterminado formando parte de la interacción cotidiana.

Por esto, son contenidos imprescindibles de la cultura los "saberes" y las "conductas" que ellos producen, las que a su vez son generadoras de nuevos saberes que van mostrando y refinando, casi ininterrumpidamente, las acciones más aptas para lograr supervivencia y bienestar. Por ejemplo, si ir a robar comida al grupo vecino es una estrategia que puede proveer una fuente de alimento pero a la vez pone en peligro la vida de quien robó o de los miembros de su grupo debido a las represalias del primero, posiblemente, el robo dejaría de ser una conducta elegida en una próxima ocasión. La interacción social, entonces, se constituye en una fuente rica de aprendizajes y producción de conductas. Sin embargo, para que se transformen en cultura, se requiere aceptación, propagación y recurrencia. Los aprendizajes necesitan ser compartidos socialmente y las conductas como estrategias practicadas. Luego, si no median otros saberes y conductas que las neutralicen, pueden mantenerse, perdurar y convertirse en "la manera" de hacer e interactuar y, al mismo tiempo, definir lo que es o no valioso para los individuos y grupos. De esto se deriva que los "valores" son otro componente esencial de la cultura; ellos son como una brújula ya que muestran al individuo y al grupo lo que es útil y sirve a fin de lograr supervivencia y bienestar. Estos valores actúan, además, como regulador de la conducta social. Si ir a robar comida trae perjuicios para el individuo y para su grupo de pertenencia, robar no será valioso y tampoco será alentado como accionar; posiblemente, todo lo contrario, será una conducta evitada e incluso penalizada por el grupo.

Durante todo el proceso de desarrollo cultural, aquellos que fueran naciendo con posterioridad a que los saberes, conductas y valores hubieran sido aceptados, propagados y establecidos, los aprenderán por enseñanza directa o imitación.

No podemos seguir hablando de cultura sin prestar atención a un fenómeno especial, producto de la formación de grupos, que es el "tribalismo" entendido como la tendencia de un grupo a sentirse y mostrarse diferente a otros grupos, y a que éstos últimos los aprecien de la misma forma[12]. Los grupos usualmente se conformaban de individuos unidos emocionalmente por una historia familiar – padres, hijos, hermanos, primos, tíos– o por otros individuos colaboradores y aliados permanentes, unidos al grupo por otro tipo de historia – tal vez una menos emocional y más marcada por la conveniencia. Todos ellos conviviendo para asegurar supervivencia, bienestar y pervivencia, veían a otros grupos como forasteros sin nada en común. Las tribus como complejos sociales compartían saberes, conductas, valores, una coexistencia íntima en el tiempo y fundamentalmente, una historia particular que los mantenía juntos. Como Harari expresaba, no fue otra que la mutación genética que produjo la capacidad para el lenguaje humano, por medio del cual se puede crear e imaginar lo que aún no existe, la responsable de que esas historias surgieran y posibilitaran la colaboración a gran escala.

De allí surge otro elemento básico en las culturas conocido como "supuestos incuestionables" acerca de cómo son y cómo funcionan las cosas. Ellos no solo se refieren a la manera misma de hacer algo, sino más bien a la historia que subyace y sostiene el "cómo son y cómo funcionan" de carácter indiscutible. Como aspecto profundo e invisible a los ojos de los integrantes del grupo, no se enseña de manera directa, se aprende involuntariamente a partir de la experiencia personal en la interacción social. Como suele decirse, en cierta forma la cultura se hereda, no biológicamente, sino en la forma de saberes, haceres, valores y supuestos impregnados en la interacción.

Un efecto que suele tener el tribalismo es que sus miembros creen que la historia de su tribu es la única historia que existe o importa y merece

---

[12] Hardin, G (1972). Cita de Wilson, E. en *Sociobiology* (1975). The abridged edition. Capítulo 26, pag. 290. United States & England: The Belknap press of Harvard University Press.

ser defendida contra todo y todos. Teniendo presente que el *driver* de la evolución humana –el desarrollo, la supervivencia y contribución de los genes con las siguientes generaciones– está en el trasfondo de la interacción social y de la formación de grupos, la tribu se mantiene unida por medio de una historia, a fin de asegurarlos y contribuir con su bienestar. Entonces, cualquier cosa o evento que amenace estos propósitos requiere ser rechazado. Desde un punto de vista sociobiológico, el tribalismo puede tener muchos colores y sabores, dependiendo del mito o historia que aglutina a la tribu. Por ejemplo, podemos hablar de tribalismo religioso, político, ideológico, étnico o cualquier otro en el cual una historia puntual se cuenta a fin de cohesionar y diferenciarse.

En línea con el carácter hereditario, la cultura tiene la capacidad de perdurar a lo largo de sucesivas generaciones. Actualmente, la conectividad global posibilita que las culturas cambien rápidamente por intercambio y adquisición de patrones culturales extranjeros y por la rapidez con la que nuevas historias acerca de cómo deberían funcionar las cosas se tejen, aceptan y propagan. Sin embargo, en los albores de la humanidad y en los siglos que le sucedieron hasta la revolución científica e industrial, los cambios han sido bastante más lentos.

Sobre este basamento teórico, entonces ¿cuáles de las historias inventadas por los humanos han servido grandemente para mantener prendido el fuego de la lucha por la supervivencia y la pervivencia que nos predispone a decisiones lineales?

A continuación, serán presentadas tres narrativas – también llamadas mitos o paradigmas culturales– que, a criterio de la autora, expresan y se fundan en el miedo escrito en los genes. Estos tres paradigmas incluyen saberes, conductas, valores y una historia que los sostiene y alimenta supuestos incuestionables acerca del desarrollo, supervivencia y pervivencia – o de trascendencia del ser humano– principalmente dentro de la cultura occidental. De la misma forma estarían alentando el tribalismo y muchas de sus consecuencias.

2.2.1 El paradigma metafísico

Esta historia, cuyos pilares dan basamento a buena parte de la identidad cultural de la humanidad actual, reconoce su origen en Grecia en los siglos IV y V a.C., y sus principales autores – para mencionar los más conocidos– serían los filósofos Parménides, Sócrates, Platón y Aristóteles, cada uno de los cuales hizo su aporte en el desarrollo de las bases que, más tarde, impregnarían esa identidad.

Siguiendo a Rafael Echeverría[13], esta propuesta nació para responder una pregunta que el ser humano se hizo durante siglos. La pregunta es aquella que busca encontrar y comprender el principio conductor de todas las cosas o la sustancia primordial de la cual están hechas las cosas – el *arché* en griego– y que representaba "eso" que todos los fenómenos de la naturaleza tenían en común. Se trataba, nada más y nada menos, de una pregunta que buscaba descubrir cómo el ser humano cuajaba dentro de la naturaleza, de qué estaba hecho, quién era y hacia donde se dirigía; una pregunta existencial realizada a fin de comprender qué hay detrás de la vida y la muerte.

Distintos grupos de filósofos la respondieron de maneras diferentes. Los llamados "cosmólogos" buscaron la respuesta dentro de la naturaleza y atribuyeron el origen de todas las cosas a los elementos: aire, agua, tierra, fuego. Otro grupo, más tarde apodados los "metafísicos", la respondieron a partir de buscar dicha sustancia primordial fuera de la naturaleza, construyendo una historia que brevemente compartiremos a continuación. Esta historia extra-naturaleza o meta-física, se funda en cuatro pilares.

Una vida que trasciende a la experiencia

Así como los cosmólogos encontraron la unidad o sustancia de los múltiples fenómenos de la naturaleza en los elementos, los metafísicos propusieron que dicha unidad era la "esencia" o "ser" de cada cosa del mundo físico. Sin embargo, esa esencia individual no era independiente, sino que a su vez remitía a una ESENCIA o SER primordial que residía en un mundo trascendente, fuera del mundo humano.

Esta manera de responder a la pregunta existencial, también entendió y calificó a ese SER primordial y trascendente como "verdadero", mientras dejó a las esencias del mundo humano – de los sentidos– en la categoría de "ficticias". Con esta clasificación los metafísicos establecieron un orden de prelación entre ambos "mundos" y pusieron la "autoridad" en el mundo trascendente. Parafraseando a Platón[14], el mundo de la expe-

---

[13] Echeverría, R. (2015). *Por la senda del Pensar Ontológico*, pág. 19. Chile: Jose C Saez
[14] Platón, *República*, Libro VII, Ed. Gredos, Madrid 1992 (Traducción de C. Eggers Lan).

riencia humana en la tierra es un mundo de sombras proyectadas desde un mundo de luz, al cual el ser humano no tiene acceso.

A partir de esta respuesta metafísica, se derivan algunas consideraciones adicionales. Por un lado, la esencia de las cosas mundanas debía mantener su conexión con el SER trascendente para continuar siendo verdaderas, perder la conexión implicaba perder su calidad de "verdad" y caer en lo incorrecto. Por otro lado, parece surgir una invitación a menospreciar la vida humana de los sentidos y aspirar a encontrar ese SER trascendente fuera del mundo natural.

El ser respeta ciertos atributos

El segundo pilar de la narrativa metafísica hace referencia a ciertos atributos que el SER trascendente posee y que lo constituyen en el fundamento de todas las cosas. En primer lugar, es inmutable, lo que equivale a decir que, si bien las apariencias o esencias del mundo físico podrían cambiar, el SER verdadero no. En segundo lugar, el SER es eterno, no tiene ni principio ni final y, por lo tanto, no está atado a las leyes de la naturaleza de nacimiento, desarrollo y muerte. Tercero, el SER tiene presencia en todas las cosas y se revela al hombre para mostrarle la verdad. Finalmente, siendo el principio conductor de todo lo que se expresa en el mundo, dicho SER es uno y único.

Cualquier parecido con la "realidad" es pura coincidencia, este pilar metafísico parecería estar hablando del dios de algunas religiones.

Una definición de "la verdad"

La respuesta que la metafísica construye para responder a la pregunta por el origen de todas las cosas no se contenta con proponer cuál sería y que atributos tendría ese origen, va un poco más allá y decide que, para los humanos, la "verdad" es la revelación del SER. Solo es posible acceder a la verdad cuando se accede a la esencia de las cosas que permanecen en conexión con el SER. En ese espacio, ser y verdad (de las cosas mundanas) se equiparan.

Este tercer pilar tiene algunas derivaciones muy relevantes para este trabajo que creo necesario compartir. Por un lado, dado que el SER habita en un mundo trascendente, la verdad – como manifestación de ese SER– también habita allí. La verdad no está en la Tierra. Por otro lado, siendo el SER único, también lo es la verdad.

En resumidas cuentas, cualquier humano que logra conocer el ser de las cosas también conoce y posee la "verdad única". Quien no lo logra queda en el terreno de los descarriados. De aquí estarían surgiendo entonces las dualidades verdadero/falso, correcto/incorrecto, en las cuales uno de los componentes está siempre amparado por el paraguas de la verdad, mientras que el otro queda en completa exclusión.

Este pilar del paradigma metafísico es pervasivo y transversal en la cultura occidental. Cada segmento cultural –religión, política, ideología, naciones– lo ha usado para construir sus propios mitos o historias particulares a lo largo de la evolución. Se trata de un pilar que, aun sin proponérselo, alimenta la impronta tribal del individuo y del grupo que lo acepta, a través de una postura dogmática y absolutista, respaldada por un SER trascendente. Lo problemático de esta postura que se manifiesta en la interacción humana, es que dificulta la posibilidad de coexistencia y convivencia con aquellos que planteen miradas que contradigan la "verdad".

La primacía de la razón

Finalmente, el último pilar posibilita al ser humano un camino de acceso a la verdad, sin necesidad de esperar que el "ser" se le revele. El conocimiento que puede lograr por medio del uso de sus facultades racionales es la vía de acceso al ser de las cosas y con ello a la verdad.

¿Dónde nos dejan estos cuatro fundamentos metafísicos?

Para empezar, es necesario observar que ni los metafísicos a lo largo de la historia, ni la ciencia han aportado evidencia científica de los primeros tres pilares. Incluso el planteo del ser humano como ser racional habría quedado corto de miras e incompleto teniendo en cuenta todo lo que la, ya comentada, habilidad para el lenguaje fue capaz de aportarle a su evolución como especie eusocial, y lo que las neurociencias han sido capaces de develar hasta el presente.

Para poner un poco más de luz al tema, la respuesta que la metafísica dio a la pregunta por el origen de todas las cosas es solo eso, la mejor interpretación que pudieron hacer con el conocimiento y el *status* evolutivo de la época. Es una invención como muchas que ha hecho el ser humano y como tal, existe entonces la posibilidad de elegir despertar del ensueño cultural que nos dice que las cosas "son y funcionan" de determinada manera y que además son "la verdad".

Cada uno puede creer en lo que desee y dé sentido a su vida, puede elegir los valores que más lo representen, las conductas y saberes que lo lleven a asegurar su desarrollo, supervivencia y trascendencia. Sin embargo, es preciso entender que solo se trata de un camino para lograr esos objetivos y no "la verdad única" que el resto del mundo debe seguir sin discusión. Se trataría de uno de tantos caminos que tiene sentido para diferentes personas y grupos sociales, de la misma forma que la interpretación que esta autora hace en este libro, tiene sentido para ella.

¿Cómo es que el mito metafísico logró impregnarse en la cultura?

Cuando Platón y Aristóteles lograron componer de manera acabada la teoría metafísica que hoy conocemos, esta solo logró mantenerse en el claustro de los filósofos. Según Echeverría[15] no se habría logrado afianzar en Grecia ni, posteriormente, en la república romana, tal vez debido a que su dogmatismo y rigidez contrastaban con la gran diversidad cultural de esos medios. Sin embargo, más tarde encontró en las religiones judeo-cristianas monoteístas un campo más permeable donde impregnarse.

Algunos siglos después de que el cristinianismo fuera declarado religión oficial del imperio romano, los presupuestos metafísicos fueron adoptados por dicha iglesia, convirtiéndose en supuestos incuestionables en los que se fundan algunas religiones e impregnando la vida cotidiana de sus fieles.

La Figura 1 muestra numéricamente las implicancias de esta perspectiva en la cultura occidental según estadísticas recogidas por Selecciones Reader Digest en 2016[16].

Fig. 1. Incidencia de las religiones judeo-cristianas en la población mundial

Cristianos	2300 Millones
Islamitas	1600 Millones
Judíos	14-18 Millones
Población mundial hoy (*)	7800 Millones
% sobre PM	50%

(*) Datos extraídos de https://www.worldometers.info/world-population/

[15] Echeverría, R. (2015). *Por la senda del Pensar Ontológico*, pág. 26. Chile: Jose C Saez

[16] Selecciones Reader's Digest (2016). Religión y números en el mundo. Nota digital del 24 de noviembre de 201. Original en https://selecciones.com.mx/religion-y-numeros-en-el-mundo/

Las cifras presentadas muestran que la mitad de la población humana practica, ha practicado o ha sido educada en alguna de estas religiones. De esto se podría derivar que una proporción similar lleva una vida basada en los supuestos, valores, saberes y conductas incuestionables que el mito metafísico favorece.

Incluso y a pesar de que muchos se declaren no religiosos o ateos, el mayor poder de este mito fue su habilidad para convertirse en la manera de hacer sentido de la existencia, incrustándose en el aspecto más invisible y profundo de la cultura. Me explico: en el fuero individual de muchos, solemos buscar que las situaciones, las personas, las relaciones y las cosas sean de una manera única, que se mantengan estables y no cambien, que estén alineadas con una supuesta verdad y que duren para siempre. En lo social y si de paradigmas culturales se trata, cuando una mirada nueva intenta levantarse y propagarse, las viejas perspectivas luchan desesperadamente por ser las únicas, que nada cambie su *statu quo*, ser eternas y que nadie ocupe el espacio que detentan como "la verdad", hasta incluso usando la violencia manifiesta.

En definitiva, no se trata puramente de una cuestión de contenido ideológico religioso, eso sería lo de menos, sino de algo estructural que dirige la forma de dar sentido al vivir. Como corolario, tal vez algunos puedan comprender ahora por qué es tan difícil el cambio cultural.

¿Qué hizo tan especial a esta perspectiva que le confirió tanto "éxito evolutivo"?

Ciertamente la metafísica parecería resolver varias cosas. En primer lugar, el miedo a la muerte innato puesto de manifiesto en la lucha por la supervivencia. Seguidamente, un derivado especial de este miedo representado por la cuestión existencial del sentido de la vida y la trascendencia personal; el dilema aquí sería: "si a pesar de luchar para sobrevivir, de todas formas me voy a morir, ¿qué sentido tiene mi vida? ¿A quién le sirve que yo viva? Finalmente, y no menos importante, como todo supuesto cultural incuestionable, posibilita la regulación de la conducta social a través de capacidades objetivas y del ejercicio de relaciones de poder. Abordaremos cada uno de estos postulados a continuación.

Nótese que esta autora no tiene ni los conocimientos ni mucho menos la evidencia científica para afirmar que el mito metafísico, iniciado por los griegos y adoptado por algunas religiones, haya surgido y sido utilizado a fin de lidiar con el miedo a la muerte. De todas formas, si esa no fue la intención, sostengo que tuvo un éxito rotundo logrando ese resultado. Esta es tan solo una interpretación personal surgida de una profunda indagación existencial; sin embargo, fue grande la sorpresa cuando leyendo un texto de Echeverría descubrí que él propone esta misma interpretación. Es posible que un proceso personal existencial similar nos haya guiado a la misma conclusión.

A fin de abordar el primer postulado, será necesario recordar que el paradigma metafísico adaptado y propagado por las religiones de base judeo-cristianas propone la existencia de un mundo extra-supra-terrestre y divino al cual se dirige el alma de quien muere para encuentrarse con todo lo bello, la gloria y la felicidad; un mundo donde sus seres queridos ya muertos lo están esperando. Apreciada de esta forma, esta idea del paraíso suena mucho más apetecible que la misma vida en el planeta y, muy a pesar de que el miedo a la muerte inscripto en los genes inste a sobrevivir, parece hasta más interesante morir e ir a vivir allí. Ciertamente, un mito que desparrama esperanza, pero más que nada ilusión, una que alivia y suaviza el dolor y el miedo que provocan la consciencia acerca del propio final. Podría decirse que esta historia hace más llevadera la idea de la muerte e incluso le confiere un nuevo sentido, la reinterpreta para aligerar o eliminar la carga que supone la palabra "fin", enfatizando la idea de "paso" o "puente" hacia una vida mejor. Lleva consigo la promesa de "eternidad".

En relación al segundo postulado por el cual la metafísica resolvería la cuestión del sentido de la vida y la necesidad de trascendencia, debemos recordar que la biología ha dotado al humano de un sistema nervioso capaz de mostrarle, a cada momento, su situación particular de existencia y de poner en marcha un complejo proceso emocional, corporal y lingüístico a fin de encontrar significado al vivir. Eventualmente necesitará decirse a sí mismo/a que su paso por la tierra no es en vano, que su estadía tiene un propósito y que, aunque muera, pervivirá en aquello que sea capaz de construir y contribuir. Justamente, este espacio existencial ha sido grandemente abastecido por la metafísica religiosa de la verdad y del trascender, proponiendo una vida en consonancia y conexión con la perfección del

SER –sea cual sea el nombre de la autoridad y la infraestructura creada a tal fin– y con los valores y verdades del dogma como camino de sentido de vida, para luego morir y pervivir en el más allá.

En este punto y desde una perspectiva biológica y ecológica, la única finalidad que parece tener la existencia es contribuir con la vida del ecosistema y de todo lo que lo habita. En cuanto al homo-sapiens, quien se ha encargado de proliferar de manera efectiva y parece mantener una deuda de siglos con el bienestar del ecosistema en su conjunto, me animaría a decir que no muchos individuos se plantean tal contribución como parte del sentido de sus vidas. No obstante, cada quien es libre de encontrar propósito en lo que le haga sentido: en un mundo trascendente, en el sacrificio por un bien mayor, en la reencarnación, en los valores de alguna ideología, en la resurrección o incluso en la magia, sin embargo, necesita tener claridad que ese sentido es solo una interpretación que elige adoptar, no un hecho capaz de ser contrastado y de aplicación extensiva y obligatoria para todos los seres humanos.

Por último, en el tecer postulado se sugiere que el paradigma metafísico, al igual que la cultura y las ideologías impregnadas en el accionar de los individuos, se manifiesta en una relación de poder entre individuos que supone acciones sobre el potencial de acción de otros individuos. Tal como propone Foucault[17] esas acciones preparan la probabilidad de que los individuos se comporten de tal o cual manera, dirigiendo y regulando conductas. Por ejemplo y yendo un poco más allá, algunas religiones ejercen su capacidad objetiva prescribiendo una serie de mandatos o accionares que los fieles deben respetar a fin de mantenerse en conexión con su dios – el SER. Así, la definición misma de la "verdad" –categórica y única– adaptada oportunamente por cada historia o mito particular, dicta lo que es correcto, bueno y deseable socialmente, y sirve como norma de conducta e incluso de leyes de cumplimiento obligatorio. Entonces, el grado en que un individuo o grupo exterioriza alineación con tal verdad y cumplimiento con los valores prescriptos por ella, tiene el poder de regular un mayor o menor grado de aceptación social o propiciar la exclusión del individuo o grupo ante el incumplimiento. De la misma forma y no menos importante, tal alineación y cumplimiento se

---

[17] Foucault, M. (1984). Cómo se ejerce el poder. El artículo original en francés fue publicado en Hubert Dreyfus, Paul Rabinow y Michel Foucault. Un Parcours Philosophique. Francia: Editions Gallimard.

proponen como incentivo para ganar el acceso al mundo trascendente y extra-supra-terrestre.

Lo dicho no intenta sugerir que no hacen falta normas, valores y leyes. Quedó claro que, en la medida en que el humano evolucionó basado en su miedo a morir compitiendo, colaborando o sacrificándose por otros, también fue capaz de conductas muchas veces perjudiciales para otros individuos y para el mismo ecosistema, las cuales se hizo necesario regular. Lo que se quiere mostrar es que el éxito evolutivo del paradigma metafísico y las historias que lo tienen embebido culturalmente, se debió a que fue útil para varias finalidades a través de usar – con o sin intención– el miedo a la muerte y así dirigir la conducta humana.

Posiblemente, muchos poderes se han servido y aún se sirven de él para conducir voluntades. Tal vez, la vida de tribu –y de todos sus similares evolutivos– no favoreció el libre pensamiento, la educación y el desarrollo de las personas con miras a convertirlas en protagonistas de sus propias elecciones. Incluso, algunos individuos podrían preferir que otras personas decidan por ellos, y estarían en todo su derecho si esto fuera producto de su propia elección. Sin embargo, la metafísica embebida en distintas historias culturales es transparente al individuo y opera en automático y como una especie de instinto.

Finalmente, ¿cómo esta mirada propicia el pensar lineal?

La pregunta nos lleva nuevamente a mirar algunos de los postulados de la metafísica ya comentados.

Una consecuencia del dogmatismo con que fue investida la verdad al no aceptar otras posibilidades más que las que ella prescribe es haber establecido una polarización entre aquellos individuos que aceptan el dogma –verdades contadas por diferentes mitos e historias culturales– y actúan en consecuencia, y los que no. Así, se alimenta el tribalismo al profundizar la diferenciación entre "los otros" y "los nuestros". El resultado más relevante que ese dogmatismo produce es que el respeto, entendido como el simple reconocimiento del status humano que todos ellos detentan, se hace inviable. Entonces, los que quedan fuera del dogma no solo son juzgados equivocados, imperfectos o incluso herejes, sino que, usualmente, son excluidos de la trama social y sometidos a una suerte de castigos variables, incluso llegando al uso de la violencia. El dogmatismo favorece la transgresión de cualquier límite sistémico, posibilita la invasión de terrenos que deberían ser inviolables.

Ver la vida en blanco y negro, cualquiera sea la historia que se cuenta y los valores que pueda sostener, es, desde un punto de vista ecosistémico, la manera más lineal y yo-céntrica de apreciarla, porque aquel que se cree bajo el paraguas de la supuesta verdad entiende que sus valores son los únicos que hay que observar y respetar, y sin duda mejores que los del vecino. Peor aún, cree que esa verdad justifica cualquier accionar a fin de hacerla cumplir. El dogmatismo es progenitor de la intolerancia: las cruzadas y guerras santas, los herejes e infieles, los salvajes, los bárbaros, la esclavitud, las guerras mundiales, el fundamentalismo étnico como el nazismo, o religioso como el terrorismo, incluso, es progenitor de otras atrocidades (matanzas de civiles, robos y violaciones) perpetradas en las guerras que pretenden "liberar" a los pueblos de la opresión. En la dualidad de los buenos y los malos, ¿cómo se respeta al otro? ¿dónde queda la ética para los damnificados, muchas veces meros habitantes y transeúntes, que nunca fueron consultados acerca de entrar en una contienda bélica, o que, por su situación quedan atrapados en el grupo incorrecto?

Pero hay más, se dijo más arriba que el SER único y verdadero del mundo trascendente, subordina las esencias terrenales y deja establecido un orden de prelación y de "autoridad" sobre todo ser humano que lo adhiere, autoridad que también detentan aquellos que funcionan como sus interlocutores y lo "representan en la tierra". Por ejemplo, cuando el SER trascendente es de carácter religioso, entonces los dioses se convierten en amos de los humanos; el orden continúa con los sacerdotes que detentan algún tipo de autoridad y ofician de mediadores. Si se tratara de una norma o una ideología, los valores en los que ellas se fundan se convierten en el ser trascendente – porque son valores absolutos, verdaderos y perfectos como una deidad– con autoridad sobre los humanos; aquellos que construyeron el mito, se constituyen en estandartes terrenales con autoridad sobre los que eligen adherir a ella.

Con todo ello, este pilar metafísico educa al ser humano a aceptar que hay autoridades a las que rendir pleitesía, lo acostumbra a ceder su voluntad y poder de elección, lo educa para convertirlo en seguidor ciego de otros que, por definición, son mejores que si mismo/a. En suma, favorece y alienta al individuo a juzgarse incapaz de tener una buena idea, de hacer propuestas, de cuestionar los supuestos valores fundantes, y de hacerse responsables ecosistémicos de lo que pasa a su alrededor. Favorece la formación de individuos que solo hacen lo que se les dice o lo que un iluminado sugiere, sin mediar discusión ni planteo ético. Si tienen la suerte de que ese iluminado sea un pensador ecosistémico, ellos no significan un riesgo, pero se convierten en una amenaza ecosistémica si son seguidores de un pensador lineal. Ejemplos por montones ofrece la historia, si alguien tiene duda, piense en Hitler o los ejemplos ofrecidos más arriba.

En resumen, el paradigma metafísico discutido en esta sección es pervasivo porque está embebido en el accionar de buena parte de la humanidad y se pone en funcionamiento de manera no deliberada como lo hace cualquier aspecto cultural, al momento de tomar decisiones tanto individual, como grupalmente – en la forma de organizaciones económicas, sociales, políticas, o ideológicas de cualquier tipo. En la medida que el decisor no tenga posibilidad de distinguirlo y observarse operando en él, pocas chances hay de que sus decisiones no sean lineales y consideren los dilemas éticos ya planteados.

2.2.2 El paradigma Humanista u homocéntrico

Cuando el mito metafísico ya impregnaba la cultura desde hacía mucho tiempo, surge una nueva narrativa que habla de la vida y la convivencia en el ecosistema poniendo en el centro y por encima de todo ser viviente, al ser humano. Lo llamaremos "humanismo" y ha tenido, a lo largo de la historia, varios significados según sea la disciplina desde donde se mira.

Como se comentó en la sección anterior, filósofos de la antigüedad debatieron durante mucho tiempo acerca de cuál era el origen de todas las cosas; en ese debate, además de la posición metafísica extensamente compartida y la de los cosmólogos brevemente reseñada, surgió una tercera propuesta de algunos filósofos que entendieron que hacerse tal pregunta no llevaría a otra parte más que al mismo ser humano que la hacía. Protágoras, en el siglo V a.C, dijo que "el ser humano es la medida de todas las cosas", queriendo posiblemente significar que nada de lo que este pudiera ver, juzgar o calificar, puede estar más allá de lo que él mismo es capaz de ver, juzgar o calificar. Algunos han pensado que esta perspectiva "antropológica" de la vida fue un primer indicio del humanismo que más tarde emergería; sin embargo, más parece una reflexión acerca de los límites que su propio desarrollo le pone en su habilidad para comprender las cosas. Protágoras pudo comprender que el mundo que el ser humano ve, es solo el mundo que puede ver y que nada escapa de la propia mirada.

Tal apreciación resulta muy acertada si se tiene en cuenta que, en algún momento de su desarrollo, el humano comienza a reconocer que, entre las especies conocidas, posee habilidades diferenciales. Pero no queda allí, el mito humanista es una nueva mirada hacia el mundo, una en la que el humano se dijo a sí mismo que era la especie más importante del ecosistema, una especie para la cual dicho ecosistema – con todo lo que hay en él – existía solo para su propio beneficio y complacencia.

A partir del siglo XII, y con mucha fuerza desde el siglo XV, vuelve la mirada hacia sí mismo para reclamar una pretendida "dignidad". Tal vez alentado por los logros a que dio lugar el desarrollo de las ciencias y las artes, el humano se pone por encima de cualquier otra cosa en la naturaleza y se confiere la autonomía y la libertad para vivir de la manera que desea, como si fuera la única especie existente. Proponiéndoselo o no, estaba dando cumplimiento exacto al mandato bíblico del antiguo testamento compilado a principios del primer milenio, en el cual el Génesis 1:28 dice «Dios los bendijo, diciéndoles: *"Sean fecundos y multiplíquense. Llenen la tierra y sométanla. Tengan autoridad sobre los peces del mar, sobre las aves del cielo y sobre todo ser viviente que se mueve sobre la tierra"*.

Un poco más tarde, las revoluciones industriales continuaron moldeando y ajustando su visión homocéntrica del mundo con los descubrimientos e invenciones del siglo XVIII en adelante. Así, se pusieron a disposición del humano nuevas y poderosas herramientas útiles para iniciar la manipulación extensiva e intensiva del ecosistema, que más tarde tendría lugar. En mi opinión, en este punto de la historia el ser humano termina de perder la brújula ecosistémica. Si bien el proceso se inició durante la llamada revolución agrícola cuando por primera vez se vio a sí mismo con poder sobre el ecosistema y comenzó a desconectarse, la industrialización y la economía de mercado le permitieron hacerlo definitivamente, declarándose amo y señor del ecosistema, para hacer de él lo que le diera la gana.

Pero esta revalorización artificial de la condición humana, esa pretendida dignidad respecto del resto del ecosistema, me anima a plantear algunas preguntas: ¿cómo los logros alcanzados cambiaron su dignidad y lo hicieron diferente? ¿Qué tenía de malo, molesto o inconveniente la dignidad de la especie humana como una más en el ecosistema que se hizo necesaria tal reivindicación? ¿Qué le inquietaba de ser parte de una especie animal, con una biología, instintos y emociones como otras especies, que precisó distinguirse a sí mismo de ellas? ¿Para qué precisaba ese distanciamiento?

Mirando líneas atrás donde el mito metafísico fue desarrollado, tal revaloración parece surgir de la misma narrativa que contaba que el ser humano era un ser racional que podía acceder a la verdad a través del conocimiento como facultad superior. Teniendo en cuenta que la metafísica despreciaba el mundo de los sentidos – biología, instintos y emociones – y sostenía una subordinación de las cosas mundanas a las trascendentales, tales logros intelectuales y prácticos aportaron la evidencia necesaria para confirmar que la razón define el *status* diferencial del ser humano respecto de otras especies solo signadas por sus instintos y emociones. Sin embargo, esto no estaría explicando la necesidad de hacer la declaración.

Alguien podría pensar que el hombre necesitaba declararse superior para dar un marco "legal" a todo lo que haría posteriormente; es completamente posible. Sin embargo, también existe la posibilidad de que esa necesidad de dignidad estuviera mostrando el renacer de una profunda inquietud acerca del sentido de su existencia en el mundo y de su condición inmodificable. Aún hoy el ser humano no puede cambiar los instintos y emociones que su biología le impone, ni mucho menos su fragilidad ante la vida y la muerte. Releyendo lo escrito, me animaría a decir que el mito metafísico-religioso de la trascendencia en una vida más allá hizo agua por primera vez, no bastando la promesa que ese otro mundo ofrecía, para acallar lo que sus habilidades diferenciales le mostraban a cada momento. Esas habilidades que lo pusieron en la cima del mundo también le recuerdan su fragilidad, su temor ante la muerte y la pregunta por el sentido de una vida mortal. Ellas son también su talón de Aquiles.

Escribiendo estas líneas vino al recuerdo mi tesis de Maestría en Coaching Ontológico en la que hice una reflexión que quiero compartir ya que parece hacer sentido también en esta ocasión:

¿Necesitamos ser inmortales?

La reflexión acerca de la vida y la finitud no es novedosa; desde que el homo sapiens se hizo presente en la tierra, se ha visto involucrado en el misterio de la muerte y ha reaccionado a ella a través de su culto (Encina, 2009). La búsqueda de deidades, seres supremos, seres más grandes que su propia humanidad, podría haber tenido lugar a fin de encontrar respuesta a sucesos inesperados, dolorosos e inexplicables de la experiencia diaria; personajes o elementos que se hicieran cargo y fueran los responsables de todo aquello de lo que nadie podía.

La metafísica descripta hasta aquí parece haber tenido el efecto de asegurar la idea de que podemos ser inmortales, a través de poseer un alma inmortal para aquellos que tienen alguna creencia religiosa, o a través de la "eternidad" con la que sobreviven las "verdades" sean estas, valores, creencias, o nuestras propias acciones que quedan para la posteridad.

El humanismo en el que se vive desde hace siglos, nos dice que los seres humanos son muy importantes, quizás la especie más importante del planeta y, para muchos, del universo; pero lo desarrollado hasta aquí propone una pregunta, ¿realmente creemos que lo somos?

Siendo que la muerte pone al ser humano frente a su más cruda fragilidad, ¿sería posible que esa fragilidad fuera interpretada como un "defecto" de lo humano al compararse con un ser metafísico "perfecto", verdadero o a dioses inmortales? El ser humano se ha acostumbrado a hacer sentido de su vida de manera metafísica, y por ello, dado que la fragilidad de lo humano no parece estar en línea con lo eterno y lo perfecto o verdadero, ¿será quizás que el culto al ser humano es una muestra de intolerancia hacia esa fragilidad, una ilusión de excluir ese defecto, esa nada, buscando maneras de conquistar, supervivir y trascender?

El sustrato de su propio ensalzamiento y del accionar que lo pone en el centro de la escena y por encima de todo, parece mostrar resistencia a aceptar la fragilidad de su condición y lo anima a decirse y decirle a quien pueda escuchar que es casi como un dios, que puede ser tan eterno como ellos, y que, aunque en un futuro muera, va a trascender en todo aquello que fue capaz de lograr, crear, implantar y destruir. Todo tiene su marca, la marca del "amo" del ecosistema.

El humanismo y el tribalismo se sumaron para definir un diseño de lo humano con vistas a corregir y negar el "defecto" de su animalidad, sus instintos, sus emociones y su propia fragilidad, alejándolo de la naturaleza y de sus especies. Este diseño le aportó, además, la idea de que su nuevo *status* lo empoderaba para construir su propio sentido de vida.

A pesar de que la declaración humanista deposita una confianza casi ciega en lo "humano" y un optimismo – bastante infundado – en las acciones que es capaz de generar, logró enceguecerlo de tal forma que no pudo darse cuenta de que la revalorización que proclamó y se auto-concedió no cambió, mágicamente, su condición animal ni los muchos hábitos genéticos y culturales que traía consigo. Tal vez se puso el traje de la superioridad y aprendió a mirarse y a mirar a otros como el amo, pero la evidencia aportada por los últimos 400 años de evolución no lo muestran muy diferente. Aún sigue decidiendo y actuando sobre la base de las mismas estrategias evolutivas que usan otras especies, buscando la mezcla de competencia, colaboración y altruismo capaz de asegurar su supervivencia, desarrollo y pervivencia, y la de su tribu.

Algunos podrán preguntar, ¿pero acaso el humanismo no revaloriza la vida de los hombres y mujeres de todo el planeta y los protege a través de la creación de "derechos"? La respuesta sería: sí, es correcto. Sin embargo, se pasa por alto un pequeño detalle: ¡esos derechos están hechos para proteger a los humanos de otros humanos! Y para reparar, en parte, las intolerancias y esclavismos del paradigma metafísico. Ahora bien, ¿quién protege al resto del ecosistema de nuestra predatoria conducta?

El mito humanista ha transformado la visión del mundo que gran parte de los humanos tiene. Posiblemente, el mundo no sería lo que es hoy y el individuo no disfrutaría de muchas cosas si no fuera por sus logros; el dilema ético no radica en endiosar y adorar al ser humano, el mayor inconveniente radica en que esta adoración descalifica toda otra criatura y la hace objeto de su explotación.

2.2.3 El credo resultadista

El paradigma humanista, a través de su declaración fundamental de superioridad frente al ecosistema, tuvo un impacto tal que no solo concedió un sentido diferente a la vida del humano – uno donde él se convertía en el sentido mismo y se habilitaba para hacer todo lo que quería, cómo y cuándo lo quería–, sino que también creó la ilusión de haber resuelto el miedo que su fragilidad, la muerte y el sinsentido le producían. Como diría uno de los filósofos más importantes del siglo XX, Martín Heidegger[18], el miedo que provoca el conocimiento de la posibilidad certera de la muerte

---

[18] Heidegger, M. (1926). *Ser y Tiempo*. Ed. Digital Trivilius – ePub base r1.1 y r1.2 (2015) Trad. Jorge Eduardo Rivera (1995)

impulsa al ser humano a ocuparse de todo aquello que le permita olvidar que ella puede estar a la vuelta de la esquina:

> La cotidianidad se queda en este ambiguo reconocimiento de la «certeza» de la muerte —para mitigar dicha certeza, encubriendo aún más el morir, y para hacerse más llevadero el estar arrojado en la muerte. (1926: 189)

Si dejáramos a un lado la reflexión filosófica y miráramos el problema desde la perspectiva del pensamiento sistémico, podríamos decir que el individuo no resolvió su problema fundamental (el miedo a su fragilidad, la muerte y el sinsentido), sino que utilizó soluciones sintomáticas para tratar la desazón que todo ello le produce. Pero como todo remedio que calma el dolor, luego de un tiempo, la misma dosis ya no produce los mismos resultados por acostumbramiento del cuerpo y se hacen necesarias dosis cada vez mayores. Finalmente, la pretendida solución se termina convirtiendo en un nuevo problema; veamos esto seguidamente.

Alentado por todos sus logros, los avances de la ciencia, las invenciones y una transformación social y económica del mundo, inaugura la era de la producción a gran escala y del consumo, a una escala similar. Con la firme intención de satisfacer los deseos humanos, el credo resultadista ha tenido un protagonismo único al haber contribuido en acelerar muchos impactos y consecuencias de la decisión y accionar humanos a escala global. Llamaremos credo resultadista a la historia que cuenta que buena parte del sentido de la vida se encuentra en hacer, producir y lograr de manera casi permanente, siempre más y mejor. Eficiencia, productividad, logro de resultados y excelencia son algunos de los valores que promueve este paradigma, valores que, a su vez, definen la condición de éxito o fracaso del individuo.

Esta nueva narrativa viene a proveer sentido de vida a través de valores que le permiten auto realizarse mostrándose a sí mismo que su paso por la vida no es en vano. Los mismos valores también le ofrecen la posibilidad de contribuir, de hacer su propio impacto en la tierra y trascender; ofrecen la ilusión de inmortalidad. Sin embargo, muchísimas veces ella ata al ser humano a un tremendo nivel de exigencia y esclavitud. La trascendencia, representada como la contribución de cada uno con el sistema –se trate de un ser humano, una empresa, organización o sociedad–, se mide a través de la productividad, la eficiencia y el éxito de los logros a través del tiempo, generando una forma esclavizante de vivir. Aquí es donde la solución (sintomática) aplicada al problema fundamental de la fragilidad, la muerte y el sinsentido, se convierte en un nuevo problema que hay que resolver.

Muchos podrían juzgar esto exagerado. Sin embargo, de mi experiencia y observación de aquellos que confían en mis habilidades como coach ontológico surge una pregunta que posiblemente haya sido experimentada por muchos lectores. Si el miedo a morir y el sentido de la vida no se relacionaran con este mito, con sus valores y con la necesidad del ser humano de estar siempre haciendo y ocupando su tiempo, ¿por qué, cuando algunas personas están frente a una crisis laboral, personal o cuando llegan a altos niveles de estrés, caen en un vacío existencial que suelen relacionar con el morir? ¿Será tal vez que ese vacío los lleva, una vez más, a su fragilidad y les muestra que no son super-héroes sino simples animales de carne y hueso con una fecha de expiración?

Las distintas generaciones desde el inicio del siglo XX han lidiado con esta constante necesidad de producir más y mejor de formas diversas, pero ninguna de ellas ha escapado del estrés – o más modernamente *burnout*– que se produce cuando el individuo cae en un gran agotamiento físico, emocional y psicológico. Este estado podría ser, o bien producto del modo intenso, esclavizante y exigente de vivir que este mito propone, o bien, en el otro extremo, ser producto de la exigencia por querer encontrar, sin éxito, un sentido de vida en ese paradigma, que para muchos no tiene.

En el primer caso, el agotamiento puede derivar en vivir al máximo los supuestos valores de la productividad, la eficiencia, la contribución y la trascendencia, con la sensación de nunca alcanzarlos –porque nunca es suficiente para satisfacer al dragón de las siete cabezas–. Nunca estar a la altura, siempre en deuda. Sea que se trate de un individuo dedicado a los negocios, un empleado, un padre o madre de familia, un joven o incluso un niño –para quienes cada día de su vida suele estar completamente agendado de actividades– las exigencias a las que se expone para alcanzar los valores del mito, son mucho más altas de lo que el individuo es capaz de tolerar. Si estas condiciones se mantienen prolongadamente, al cabo de un tiempo aparecen los síntomas del agotamiento. Sin embargo, y dado que el individuo está educado dentro del paradigma para no tolerar la inefectividad, la ineficiencia y la improductividad, arremete y sobrecarga una vez más el nivel de exigencia.

En el extremo opuesto, existen aquellos que no cuajan con la narrativa, que si bien fueron educados en sus valores no le encuentran el sentido que se espera tenga para ellos. En ese escenario, se produce una lucha por querer cuadrar para seguir perteneciendo a la tribu resultadista, para mostrar socialmente que hacen la misma contribución que el resto de los adultos, o simplemente, para mostrar que son capaces de resolver y manejarse en la vida como el resto de los humanos. El sinsentido que para ellos tiene el paradigma asegura que ésta sea una lucha perdida y se conviertan en una persona también perdida a quien muy pocos están en condiciones de ayudar. Mayormente las terapias que intenten aliviar los síntomas o curar enfermedades que trae el *burnout*, también operan dentro del paradigma resultadista e intentan, con la mejor intención, trabajar para que el individuo pueda sentir alivio corporal, emocional y mental, y seguir adelante con su vida. Es posible que no muchas le ofrezcan la posibilidad de verse a sí mismo funcionando dentro de este contexto y de desafiar ese estilo de vida; en todo caso, la idea será seguir siendo productivo/a sin morir en el intento.

Interesante me pareció la crítica profunda que el filósofo de origen surcoreano Byun Chul Han[19] hace a las consecuencias del neoliberalismo económico cuando dice:

> Vivimos en una época postmarxista. En el régimen neoliberal la explotación ya no se produce como alienación y desrealización de sí mismo, sino como libertad, como autorrealizción y autooptimización. Aquí ya no existe el otro como explotador que me fuerza a trabajar y me aliena de mí mismo. Más bien, yo me exploto a mí mismo voluntariamente creyendo que me estoy realizando. Esta es la pérfida lógica del neoliberalismo. Así también es la primera fase del *Burnout*. (2017: 84)

¿Cómo este mito favorece las conductas lineales?

En base a lo desarrollado hasta aquí, la decisión ecosistémica, la que es capaz de observar una ética basada en el reconocimiento y respeto hacia los demás integrantes del ecosistema, parecería ser un escollo a la productividad, la eficiencia y el crecimiento que propone el mito resultadista. La gente, individual o grupalmente, siente y juzga que "no tiene tiempo" para hacer todo lo que tiene o quiere hacer y, sin duda, menos tiempo tendrá para detenerse a plantear dilemas éticos. Muchas de las consecuencias indeseadas que se discutieron al iniciar este libro son

[19] Han, B. (2017). *La expulsión de lo distinto*. Argentina: Talleres Gráficos Leograff S.R.L.

producto del mito resultadista – y del humanista y metafísico sobre los cuales éste se construyó; y sin duda, todos y cada uno de los habitantes de este planeta somos responsables tanto de ellas como de la vigencia que aún tiene el paradigma.

Sostener el crecimiento continuo requiere que la gente consuma todo lo que se produce y, con ello, enormes cantidades de productos que en otras épocas no eran necesarios para la vida hoy son indispensables. Sin consumidores no hay mercado, suele decirse. Aquel que piense que no tiene responsabilidad en sostener este credo, debe estar viviendo en otro planeta, porque en la medida que consuma algo de lo que se produce, es tan responsable como aquel que lo pone a disposición. No obstante, como se dijo en alguna parte del trabajo, una de las características de un paradigma cultural es que suele ser invisible a los ojos de quienes lo viven; así como los peces no ven el agua[20] y los humanos no ven el aire, solo se hacen evidentes cuando una determinada situación es capaz de mostrar que existen y que tienen un impacto profundo en la vida. Por ello, uno de los propósitos de este libro es que muchos de los que aún no "lo ven" puedan empezar a divisar el impacto de su accionar.

La evolución bio-cultural fue escribiendo, poniendo capa sobre capa y fundiendo saberes, haceres, valores, historias y supuestos incuestionables acerca de cómo son o como deben ser las cosas. El éxito evolutivo del humano es el éxito de un complejo desarrollo biológico y cultural, y los tres mitos analizados son solo una parte de una compleja historia que aún sostiene su manera de vivir; una manera que, mayormente, no se inclina por las decisiones éticas de respeto por el ecosistema, sino por decisiones lineales. Y digo mayormente, porque el *status* del ecosistema no es el resultado de puras decisiones lineales sino de una mayor cantidad de ellas. Seguramente habrá quienes decidan éticamente en los términos en los que ella es y será tratada en capítulos posteriores, pero me animaría a decir que se trata más de altruismo que de ética ecosistémica.

2.3 Un dolor existencial

Si hay algo que parece surgir de todo el recorrido realizado en el capítulo es que no se podría hablar del ser humano escindiendo su evolución biológica de su evolución cultural. Podría pensarse que la biología pre-

[20] Hammerich, K. & Lewis, R. (2013). *Fish Can't See Water: How National Culture Can Make or Break Your Corporate Strategy*. USA: John Wiley & Sons.

cede en el desarrollo, sin embargo y dado que siempre ha sido sujeto de aprendizaje en su interacción con el medio, no parece tan fácil determinar en qué momento el desarrollo cultural se hizo tan presente y fuerte en su vida cotidiana y se fundió con el primero.

El presente capítulo quiso encontrar el *driver* del decisor occidental en tanto decisor lineal. Pretendió encontrar una posible causa raíz generadora del tipo de decisiones que más abundan en su vida, y esto se hizo indagando en su historia evolutiva, integrando la evolución biológica y la cultural. La primera tuvo en cuenta el *driver* de supervivencia, desarrollo y contribución genética que propone la selección natural y el mix de estrategias multinivel –individual y grupal– que expresaron sus rasgos genéticos en interacción con el ecosistema. La segunda apuntó a la evolución social que dicha interacción habilitó como generadora de aprendizaje cultural; tal aprendizaje favoreció y reforzó la expresión de dichos rasgos a través de la construcción de historias con poder para aglutinar a individuos dentro de grupos y unificar el accionar. Difícilmente se encuentre el punto donde las aguas se separan, más bien parece un bucle sistémico que fluye y se refuerza de manera constante.

Se podría proponer entonces que, bio-culturalmente hablando, el ser humano es un decisor lineal que no ha resuelto su condición humana de base: su interpretación acerca de su propia fragilidad y temporalidad, de las cuales es completamente conocedor. Esta ha sido, en la mirada de la autora, la herida existencial que ha moldeado un patrón decisorio y de conducta sostenido por milenios.

Este patrón tendría dos ejes, uno arcaico y otro más moderno. En el primer caso, la misma impronta genética que se expresa en las conductas de competencia, colaboración y altruismo –en funcionamiento en condiciones de supervivencia individual– también sirvió como *driver* de la supervivencia social. Mientras en la primera se pone en juego la vida física del individuo, en la segunda se disputa la forma en la cual vive su existencia en sociedad y, según sea el caso, la interacción social se puede transformar en un campo de batalla, una mesa de negociación o una pila sacrificial. El eje moderno del patrón decisorio surge de la mano de la habilidad para el lenguaje; ella, que lo diferenció de otros animales y le permitió el desarrollo logrado hasta el presente, paga el precio del conocimiento, de la duda, de la desazón y de un conjunto de emocionalidades que acompañan la reflexión acerca de su temporalidad en el mundo, y lo lleva a preguntarse para qué vive si luego va a morir, lo lleva a buscar si hay algún sentido en ese vivir.

Y si en el presente, reflexionar y encontrarse con la muerte y el sentido de la vida se hace difícil, no podría imaginar lo apabullante y sobrecogedor que debió haber sido para nuestros ancestros. Parecería hasta sensato encontrar estrategias escapistas, magia y dioses que pudieran dar sentido a lo que esos humanos no podían. Si bien más tarde en la historia hubo oportunidad de ir por otros caminos cuando el humano ya se había desarrollado suficientemente, un patrón de conducta tan arraigado es un hábito poderoso, esclavizante, sin duda muy cómodo y, por qué no decirlo, útil para manipular a otros.

Aquello que hace miles de años nuestros antecesores no supieron o no quisieron abordar y que posiblemente creyeron burlar detrás de estrategias e historias impregnadas de magia, de ciencia o de tecnología, resurge para mostrar que aún está pendiente el desafío. La evolución alcanzada por el ser humano, quien elevó su propia dignidad y se puso en un lugar de privilegio dentro del ecosistema, no parecería estar alineada con la manera, casi primitiva, con la que continúa viviendo su existencia.

Capítulo 3
El aprendizaje pendiente

3.1 La ética ecosistémica

La herida que el capítulo anterior dejó al descubierto nos dice que, en tanto la competencia sea la estrategia automática de base –individual o grulpalmente– pocas chances hay de que el tipo de decisión lineal que hace, cambie. Esto estaría significando que si no se le da tratamiento deliberado su impronta competitiva tampoco cambiará y continuará decidiendo colaborar por conveniencia o sacrificarse a favor del mito imperante – a fin de asegurar la supervivencia y dominancia de su tribu, sea ésta su familia, su clan, su organización, su grupo, su país, etc. A su vez, y conectando con lo propuesto en el capítulo anterior al indagar en la biología del decisor, seguirá favoreciendo un ambiente donde el rasgo genético que promueve la decisión ética, si durmiera en latencia, tendría pocas chances de expresarse y hacerse visible.

El miedo aún parece atarlo a su ancestral manera de vivir, subyaciendo y dirigiendo su linealidad decisoria. Pero, ¿significa esto una suerte de determinación bio-cultural inmodificable? No parece, su situación hoy es completamente diferente. En términos de satisfacción de sus necesidades, el ambiente en el que la especie humana comenzó su desarrollo habrá sido, sin duda, bastante diferente al actual. Por otro lado, su éxito evolutivo bien podría eximirlo de asegurar su contribución genética a las generaciones futuras. En este contexto entiendo propicio y oportuno que el ser humano se embarque en un proceso deliberado a fin de repensar, reevaluar y decidir hacia dónde quiere dirigir, de ahora en adelante, su evolución.

Wilson dice que la humanidad se encuentra en un momento de su desarrollo que marca el fin de la evolución por selección natural tal como se la conoce, para dar paso al diseño inteligente a través de la manipulación genética. Es posible que el ser humano quiera modificar su genética para convertirse en un humano diferencial, más fuerte, más sano, más longevo, más productivo y exitoso, no tan hormonal y más equilibrado emocionalmente. Sin embargo, me temo que, en tanto y en cuanto la competencia siga siendo la fuerza impulsora de esta nueva etapa evolutiva, cualquier mejora genética que haga no asegurará decisiones que lleven a un panorama más auspicioso que el actual. Por otro lado, tampoco se trata de modificar la genética para eliminar el miedo de raíz porque significaria suprimir la función de alertar cuando algo amenaza la vida y, de hacerlo, pondría en peligro a la misma especie.

El grado de desarrollo que el ser humano logró a partir de un aprendizaje evolutivo basado en la aplicación de las mismas estrategias en todos los dominios de su existencia no requiere de una mutación genética para habilitarlo a tomar decisiones ecosistémicas. El aprendizaje que este capítulo plantea es un nuevo aprendizaje –cultural– en el cual una nueva historia se teje, una narrativa donde la claridad acerca de su propia vulnerabilidad y temporalidad lo lleve a la aceptación definitiva de su condición humana, en lugar de conducirlo a buscar historias escapistas. En esta misma claridad y reconocimiento podría verse nuevamente, si es que algún día así fue, formando parte del ecosistema y con grandes responsabilidades sobre su presente estado. La nueva narrativa, además, lo ubicaría en otro nivel de evolución, uno en el cual puede elegir, decidir y accionar desde una ética basada en el respeto por el ecosistema y su biodiversidad, un respeto que requiere apreciar a cada especie participante y a cada humano dentro de la suya propia, con un *status* único: el de ser viviente. Este sería su nuevo paradigma, la ética ecosistémica.

La aceptación de su lado vulnerable, de su finitud y temporalidad, será un desafío que pide comprender que nacer y morir son parte del mismo proceso de la naturaleza y que, posiblemente, no haya ningún propósito especial para la existencia de la especie humana en el universo. Sin embargo, la naturaleza ha provisto al humano de la posibilidad de elegir libremente el sentido que quiere darle a su vida, si es que no puede vivir sin él. Esta elección será una decisión ecosistémica, en tanto y en cuanto la haga respetando el status único de cada humano y especie del ecosistema. Este es el único valor fundante del nuevo paradigma.

La misma aceptación le permitiría comprender que ya no necesita matar o matar, ganar o ganar, para vivir y pervivir; que no precisa demostrar a otros semejantes que es el macho/hembra alfa. También le permitiría darse cuenta de que en su biología aun conviven los rasgos "animales" que sus genes prescriben, aunque durante milenios los hubiera querido esconder detrás de mitos e historias trascendentes llenas de deidades y superhéroes. Solo a partir de este entendimiento, se abriría la oportunidad de dejar atrás una convivencia basada en la competencia, por otra, basada en la integración intra y extra-específica.

Pero el caldo de esta integración necesita un nuevo contexto, un ambiente donde el desarrollo desacelere su velocidad actual y donde el humano se detenga, como nunca antes lo hizo, a revisar la historia, lo que generó y logró, y deliberadamente decida cómo quiere continuar. Precisa dialogar y escuchar lo que otros desean para el futuro del planeta, discutir nuevos escenarios para el desarrollo, nuevas formas de vivir y producir; evaluar qué riesgos o respuestas ecosistémicas podrían traer tales escenarios y hacer decisiones que involucren maneras sustentables de gestionarlos. Y esto no es algo que pueda ser hecho por algunos iluminados; de ser así, la especie seguiría atada a los mismos mitos metafísicos y humanistas que propician el reconocimiento de humanos con poderes especiales y seguidores casi sin poder. Ralentizar la marcha es una decisión y una tarea de cada habitante del planeta.

Hoy, no solo el ecosistema biológico parece pedir a gritos un cambio de hábito fundado en un nuevo mito, muchos humanos han despertado del letargo en el cual los paradigmas imperantes los mantuvieron subsumidos, ya sea porque dejaron de tener sentido o porque los efectos sociales y ambientales a la vista son tan grandes, que no pasan desapercibidos y no pueden ser ignorados. Muchos humanos que también quieren ese cambio lo manifiestan abierta y socialmente. Sin embargo, muchos otros esperan que lo haga la "sociedad", los "gobiernos", las "instituciones" o las "organizaciones" y siguen juzgándose carentes del poder interior suficiente para convertirse en autores. No terminan de comprender y aceptar que cada quien es responsable, en primera persona, de soltar viejos paradigmas y mitos en los que vive; no terminan de darse cuenta que los paradigmas suelen ser aprovechados y usados por algunos –voluntaria o involuntariamente– para dirigir su decisión.

Al escribir esto, por un momento sentí que estaba escribiendo ciencia ficción y sonreí; sin embargo, no hace tantos años era una facticidad que la mujer tuviera una limitada participación decisional en muchos ámbitos de la vida social, y esto sucedió hasta que algunos se dieron cuenta que hay, prácticamente, tantas mujeres como hombres en el mundo y que esto podía significar un votante más con posibilidad de inclinar la balanza del poder, un consumidor más que elige, una trabajadora más para hacer girar la rueda de la productividad. Otros se dieron cuenta de que sus capacidades igualaban a las de los hombres y, en muchos casos, su habilidad cultural para el *multi-tasking* era diferencial. En la actualidad, puede ser madre, esposa y presidente o primer ministro de una república al mismo tiempo.

También, no hace mucho, era impensado estar haciendo video conferencias con personas a miles de kilómetros de distancia trabajando integradamente y conectados a través de internet. No debería ser fantasía que el animal más desarrollado del planeta pueda ponerse un freno a si mismo; no debería ser ciencia ficción que cada uno pueda darse cuenta de que todavía sigue preso de paradigmas que lo encadenan a formas cómodas y conocidas de vivir –con consecuencias devastadoras para otros humanos y especies; no es ficción decir que tiene todo lo necesario para ser protagonista y coautor de una nueva etapa evolutiva.

3.2 El lenguaje, la manzana de Eva

En varias oportunidades se dijo que el lenguaje fue la habilidad diferencial que posibilitó al ser humano el desarrollo logrado hasta el presente. Fueron las palabras construidas y aprendidas las que facilitaron la interacción social, la cooperación entre personas a través de acuerdos, el avance de algunos por medio del sacrificio de otros. Fueron las palabras las que, a su vez, dieron luz a historias que sirvieron para aglutinar y cohesionar individuos dentro de grupos, compartiéndolas y transmitiéndolas de generación en generación.

El lenguaje además ha posibilitado la reflexión: el humano no solo puede decir algo, sino que puede hablar acerca de lo que dijo, puede opinar sobre como lo dijo o qué sintió mientras lo dijo. Puede realizar acciones y crear situaciones que más tarde podrá recordar, visualizar y sobre las que reflexionar; puede opinar sobre un encuentro con alguien a quien aprecia, comentar su emocionalidad durante la interacción, las palabras y gestos de su interlocutor/a, las declaraciones que se hicieron y los acuerdos que tuvieron lugar; incluso más tarde, puede volver sobre esos acuerdos y continuar explorando potenciales consecuencias, generar nuevas preguntas y abrir otros espacios para nuevas propuestas de acción conjunta.

Todo esto puede ocurrir gracias a la recursividad del lenguaje[1] la cual es clave y conlleva el potencial de poner al ser humano frente a su propia condición existencial en el mundo. Por su causa, éste fue capaz de verse a sí mismo indefenso frente a eventos que, al mismo tiempo, lo sumían en emocionalidades que no se sentían agradables, eran intensas e incontrolables. Sin embargo, en este espacio tan íntimo, el lenguaje no parece haber sido útil para ayudarlo a lidiar con ellas de una forma genuina; en cambio, le proveyó herramientas para protegerse, evitar o escapar de esos eventos y, sobre todo, de esas emociones.

El lenguaje, como la manzana de Eva, significó el conocimiento, la reflexión y la duda; su recursividad despertó preguntas acerca de sí mismo, de su temporalidad y del sentido del vivir y morir; preguntas que fueron, a su vez, fuente de nuevas e intensas emocionalidades. Otra vez, el lenguaje le permitió encontrar fórmulas útiles para evadir, protegerse, huir de esas preguntas o, incluso, crear la ilusión de haberlas respondido; fórmulas que le dejaron la sensación de haber lidiado definitivamente con las emocionalidades, cuando solo sirvieron para sofocarlas y esconderlas en lo profundo de sí mismo o, peor aún, negarlas; en este sentido, los mitos compartidos y discutidos extensamente parecen obras de arte en lograr esos efectos.

El humano ha estado tan acostumbrado a vivir en el lenguaje que raramente considera a la emocionalidad como una parte constitutivamente legítima de su individualidad e identidad. Más aún, se suele enseñar y aprender tempranamente a que no debe mostrarla sino esconderla y camuflarla detrás de máscaras que el lenguaje es experto en ayudar a construir. Solo cuando no hay palabras, juegos o personajes capaces de contener o sofocar la carga emocional, es cuando las emociones aparecen tomando completo control del individuo.

A pesar de que el lenguaje ha sido, básicamente, el único dominio ampliamente reconocido por la vía de anteponer la "racionalidad" humana por sobre la emoción e, incluso, por sobre su cuerpo, desde el punto de vista de su evolución biológica la emoción lo ha precedido. Mucho antes de la aparición del homo-sapiens, la especie homo sobrevivió y evolucionó gracias a su cerebro primitivo-emocional, conocido también como sistema límbico. De hecho, nunca perdió ese sistema y aun en su

---

[1] Echeverría, R. (2005). *Ontología del Lenguaje*. Chile: Lom Ediciones. (Pp. 32, 94, 96 y 98).

presente estadio evolutivo sigue cumpliendo las mismas funciones que cumplía originalmente. Por ello, me permito proponer que, si ya no lo necesitara, este sistema bien podría haber desaparecido, como lo hicieron para muchos las muelas de juicio.

Que el lenguaje sea el dominio que es capaz de reconocer, estaría mostrando que, aún miles de años después, el ser humano sigue sin poder aceptar que es constitutivamente un ser emocional y que, a lo largo de su camino de evolución no encontró la manera de abordar, genuinamente, ese espacio tan perturbador. Esta genuinidad significa nada más comprender que el punto de apalancamiento para iniciar el aprendizaje necesita buscarse y encontrarse dentro del mismo dominio en que la inquietud surgió. Por ejemplo, si está hambriento –dominio de la biología del cuerpo humano– no usará el lenguaje para contarse una historia que satisfaga su apetito, ni siquiera sus emociones más intensas le servirán para saciarlo. Historias y emociones podrían servir para "olvidar" tal vez por algún tiempo el reclamo corporal, pero pronto volvería a experimentar el vacío estomacal. De la misma forma, si su cuerpo está herido o enfermo, la palanca de la curación requiere acciones en el dominio biológico del cuerpo, mientras los otros dominios –lenguaje y emoción– colaboran ojalá favoreciendo dicha curación. Un ejemplo similar podría ofrecerse en el ámbito de inquietudes que parecen nacer en el dominio del lenguaje. Supóngase un decisor/a con una idea innovadora en el ámbito empresarial, su emocionalidad y corporalidad le aportarán, respectivamente, el combustible y el vehículo con el cual realizar las acciones necesarias para hacer realidad esa idea. Sin embargo, la planificación estratégica del proyecto que lo guiará en el camino solo puede ser hecha en el dominio en donde reside toda la información, cálculos y acciones del lenguaje –declaraciones, pedidos, ofertas y acuerdos- necesarias para convertirla en realidad.

Así como una necesidad biológica o una herida física requieren de procesos biológicos –acciones y reacciones– que se encadenan hasta lograr, respectivamente, su saciedad o curación; así como una idea innovadora requiere de planificación y de una serie de acciones y respuestas que se encadenen en procesos que finalmente ponen la innovación en el mercado; reestablecer el equilibrio emocional –la sensación de bienestar– también requiere de una serie de acciones y reacciones emocionales que el individuo necesita producir. Las emociones no son una enfermedad y por ello, no se pueden "curan" como se curan las heridas del cuerpo poniendo banditas, ungüentos o tomando medicamentos.

Las emociones requieren que se les conceda el mismo espacio, al igual que los otros dos dominios, para ser abordadas, intervenidas y reestablecidas; en ese espacio ellas necesitan, antes que nada, ser experimentadas legítimamente por cada individuo. Negarlas, esconderlas o evadirlas a través de alguna fórmula mágica del lenguaje posiblemente sirva para aliviar el malestar, esa sensación de no sentirse como desea; tal vez, pueda sofocarlo con otras emociones más llevaderas pero que, ni en el corto o en el largo plazo, le permitirán habitar ese momento y aprender de él.

Las conocidas historias creacionistas del universo y la humanidad, cuyos padres ubicaron al humano en el centro de esa creación y lo esperan en el más allá luego de su paso por la tierra sirvieron, durante milenios, como fórmulas productoras de esperanza y compensadoras del miedo y la tristeza frente a su vulnerabilidad y temporalidad, pero no produjeron el aprendizaje necesario a fin de convivir sanamente con ellas. Menos aún, cuando la historia, además, acusa al humano de su propia condición, de haber sido el/la responsable de la pérdida de la inmortalidad y de haber pecado por el conocimiento que el lenguaje mismo le posibilita; y mucho menos, cuando lo expulsa de ese lugar mágico donde podría haber vivido sin problemas –y eternamente– si hubiera sido un hijo obediente. Es increíble, pero así fuimos educados culturalmente muchos seres humanos por siglos. La intención pudo haber sido la mejor, pero el mito desafortunadamente, no estimuló la formación de individuos que se estiman y valoran a sí mismos por el simple hecho de ser humanos, mortales de carne, hueso y emoción; seres plenos en su condición. Más vale creo que alentó niños temerosos expulsados de casa por no ser suficientemente buenos para nada.

Y ese niño continuó usando el lenguaje para crear nuevas historias que le ayudaran a lidiar con las emociones que lo invadían cada vez que reflexionaba y se sentía culpable de su condición y consciente de ello, preguntándose qué sentido tenía la vida si, a continuación, estaba la muerte –que, además, él mismo había traído a su vida. La historia de la trascendencia después de la muerte se sumó para contribuir en aliviar y paliar el malestar emocional del sinsentido que para muchos puede tener una vida mortal. Pero esta no fue la única historia que se construyó; cuando muchos se rebelaron contra la manipulación culposa y dejaron de creer en el mito creacionista, se reencontraron con sus emociones. Una vez más, vino el lenguaje en su ayuda para crear una nueva historia, aquella donde no había ser más supremo que el mismo humano; un ser capaz de lograr todo lo que se propusiera a través del conocimiento. Este momento de inflexión en su evolución hubiera dado la oportunidad de aprender a lidiar con sus viejas inquietudes emocionales, pero, aunque rebelde, posiblemente continuaba viéndose a sí mismo generador de una condición que trató de ocultar detrás del superhéroe o semidiós.

Sin duda, el mito que terminó por completar la telaraña de sentido de vida fue el resultadista, ese que el humano creó para brindarse a sí mismo las evidencias de que podía lograrlo todo, cada vez más y mejor, en una carrera donde ya no competía únicamente con otros humanos, sino también consigo mismo. Ni el mito metafísico de la vida eterna en el más allá ha dado al humano tanto sentido de vida como la "utilidad", la "satisfacción" y la "contribución" que la historia de la productividad propagó. En este sentido me animaría a decir que el uso que el ser humano hace del lenguaje, lo convierte en príncipe del mundo cada vez que se relame en sus logros y su cerebro genera hormonas que dan lugar a emociones excitantes y compensadoras. Pero también lo convierte en mendigo, cuando su nivel de alienación, auto-explotación y cansancio es tal, que los muchos logros y éxitos no le sirven para compensar las emocionalidades perturbadoras que provoca tal estado.

La emocionalidad es la clave para comprender y aprender a convivir con lo humano, negarla es como negar el cuerpo biológico que hace posible la existencia, incluso el lenguaje no sería posible sin esa biología. De la misma forma, las emociones tienen todo un sustrato hormonal –biológico– que las produce; no se trata de humores o sustancias etéreas y esotéricas sino de una compleja biología que predispone al ser humano para un determinado accionar[2]. Permitirse experimentarlas, o –como decimos los coaches ontológicos– habitarlas durante el tiempo que sea necesario, dejar que ellas liberen su energía y muestren qué necesitan, es el paso obligado para un aprendizaje genuino. Esta experiencia suele ser perturbadora e irresistible, pero al mismo tiempo liberadora y catártica. Su poder produce aceptación, se siente en el cuerpo como liviandad y en el lenguaje como nuevos ojos con los cuales mirar.

[2] Maturana, H. (1985). *Emociones y lenguaje en Educación y Política*. Chile: J. C. Sáez Editor. (p. 6)

A partir de aquí, el resto de los dominios puede hacer su aporte. Por ejemplo, reconocer emociones atendiendo sus manifestaciones corporales, usar la recursividad del lenguaje para poner en palabras lo que sucedió durante el episodio emocional, hablar de las necesidades del momento, usar la actividad corporal para canalizar sana y éticamente la descarga emocional; todo ello permite no solo conocerse a sí mismo sino, muy importante, recuperar el equilibrio y restaurar un cierto bienestar.

Sin duda, muchos seres humanos aún tienen pendiente reconocer y abrazar este aspecto valiosísimo de su humanidad; un aspecto que, trabajado consistentemente, puede ofrecer el aprendizaje desde el cual la decisión ecosistémica –la decisión ética– es posible, un lugar que posibilita apreciar a otros humanos y especies del planeta con su *status* único, el de seres mortales, temporales, atados a una biología, que en muchos casos los convierte en seres de carne, hueso y emoción. Todos y cada uno transitando experiencias similares en sus ámbitos de existencia.

Entonces, para el humano, no fue el lenguaje lo que hubo en el origen. Sin embargo, así lo creyó durante mucho tiempo usándolo como si fuera el único dominio de acción. Este abuso también parece haberlo puesto en las presentes condiciones globales y ecosistémicas. Por ello, la propuesta que se hace a continuación tiene que ver con la idea de ofrecer una salida a fin de repensar el lenguaje, tal vez, reinterpretarlo y, por qué no, comenzar a utilizar todo su poder para reparar las consecuencias de un pasado de decisiones lineales y para diseñar un presente aún no escrito.

3.3 Una mirada poderosa sobre el lenguaje

Este apartado ofrece la posibilidad de conocer una forma de usar el lenguaje que, en esto que entiendo como un nuevo estadio evolutivo, sirva para crear el paradigma que pone en el centro al ecosistema en su conjunto, en lugar de poner al ser humano. Este nuevo mito busca nacer y abrirse paso entre muchos miles de personas comprometidas con su propio despertar y desarrollo, con la sola intención de trabajar a favor de una convivencia productora de decisiones éticas.

El aparado también quiere incentivar a los que aún se mantienen subyugados por los paradigmas imperantes, a escuchar otras voces, a lo mejor, a desafiarse y desafiar la propuesta ecosistémica. Dar vida a una convivencia en integración incluye, justamente, una discusión integradora de opiniones distintas que, con una actitud respetuosa, quieran aportar y enriquecer este nuevo paradigma que, a diferencia de los otros, se entiende a sí mismo en revisión permanente.

El valor de la decisión ecosistémica es la ética del respeto por el *status* único de cada integrante del ecosistema, una distinción que nace y se hace en el dominio del lenguaje –aunque pueda expresarse en emociones, biología y corporalidades. Por eso, su tratamiento necesita comenzar en dicho dominio. La Ontología del lenguaje (OL) se presenta a continuación como la plataforma para el aprendizaje de la ética que el lenguaje es capaz de crear, sugiriendo la redefinición cultural de algunas "verdades" que aún hoy gobiernan el accionar lineal humano. Pero, teniendo en cuenta que el individuo se ha acostumbrado a vivir dentro de un ecosistema teñido por la metafísica, es necesario hacer hincapié, como lo haría Echeverría, en que la OL "no es la verdad", ni se trata de "una nueva verdad", mucho menos de "una posible verdad"; si esa fuera su aspiración se habría convertido en un nuevo "sabor" del paradigma metafísico. La OL se presenta a sí misma como una interpretación más, una manera distinta de apreciar la existencia humana. Desde esta parada de respeto por otras interpretaciones, quiere construir la ética en el lenguaje.

Solo con la finalidad de compartir el contenido mínimo para que, más tarde, quien lo desee, pueda buscar y profundizar, a continuación se resumen aspectos que entiendo relevantes para su comprensión.

Los principios de la OL

Como corriente de pensamiento, está fundada en la filosofía del lenguaje desarrollada a principios del siglo XX por Ludwig Wittgenstein y John Langshaw Austin. Según esta última, el lenguaje humano –tal como se conoce y utiliza coloquialmente– no sirve meramente para describir el mundo y lo que sucede en él, sino que también es posible entenderlo a partir de su función generadora de acciones. Para la filosofía del lenguaje, la especie humana sería tal que, a través de él, ha sido y es capaz de producir nuevas realidades y crear nuevos "mundos"; ellos podrían tener una existencia física –como lo sería la decisión de crear un nuevo producto– o una imaginaria –como fue el caso de los mitos o paradigmas ya comentados y el sistema interior de valores que les dio vida y aún los sostiene. Esto quiso mostrarse, ojalá se hubiera logrado, al reflexionar sobre cómo los paradigmas imperantes han sido productores y directores de conductas humanas.

Rafael Echeverría, partiendo de esta interpretación, propone la OL como una perspectiva que se sostiene en tres principios que constituyen lo que él llama el "claro ontológico".

El principio del observador

Este principio expresa:

> No sabemos cómo las cosas son. Sólo sabemos cómo las observamos o cómo las interpretamos. Vivimos en mundos interpretativos. (Echeverría, 2005: 94)

El principio quiere mostrar al ser humano sin la pretensión metafísica de creer que sabe efectivamente cómo las cosas son, ya sea porque cree que conoce verdades trascendentes o porque cree que puede acceder a una realidad independiente de sí mismo. Teniendo en cuenta que posee una biología que lo ata a sus sentidos para experimentar la existencia, esa dependencia le impone restricciones a la posibilidad de acceder a una realidad objetiva e independiente. Desde esta nueva perspectiva, el individuo solo es un simple observador del mundo en el que vive, al cual solo puede "interpretar". El giro radical que propone esta mirada consiste en que ya no habría verdades únicas sino meras interpretaciones, y con ello, todas las derivaciones y consecuencias del dogmatismo metafísico comentadas más atrás, no tendrían espacio para emerger.

A lo largo de este libro, cada vez que se haga referencia al decisor lineal o al decisor ecosistémico se estará aludiendo a un tipo particular de "observador" funcionando al momento de decidir, un observador poseedor de una biología y una serie de habilidades a través de las cuales aprecia el mundo, ya sea lineal o ecosistémicamente. Teniendo en cuenta, entonces, que habría tantos observadores diferentes como personas en el planeta, la OL entiende que existe el potencial de que sus apreciaciones también difieran. Si bien, como se mostró en el capítulo anterior, el decisor vive una existencia impregnada de aprendizajes culturales compartidos por todos dentro del ecosistema –lo que llamamos los mitos imperantes– el alineamiento a los valores que cada mito destaca, el grado de tribalismo con el que se defienden y se embeben en la vida de cada uno, o el aprendizaje derivado de la experiencia individual, no necesariamente son homogéneos en cada individuo. Por lo tanto, existe el potencial de que el mix bio-cultural y experiencial produzca interpretaciones disímiles.

Por ahora baste con esta propuesta, más adelante se ampliará un poco más al respecto.

El principio de la acción

Este segundo principio de la OL dice:

> No solo actuamos de acuerdo a *cómo somos* (y así lo hacemos), también somos de acuerdo a *cómo actuamos.* La acción genera ser. (Echeverria, 2005: 96)

El principio apunta a mirar nuevamente al observador, quien, a partir de su manera particular de apreciar el mundo, decide y acciona. Sin embargo –y tal vez más importante–, entiende que el accionar que el lenguaje posibilita es también un espacio de transformación del observador.

La propuesta de aprender a utilizar el lenguaje a fin de producir la ética que el nuevo paradigma requiere está basada en este principio. Toda acción estaría mostrando a un tipo particular de observador. En el capítulo uno se mostraron los resultados del accionar humano y llamamos a las decisiones productoras, decisiones lineales. Ahora, basados en este principio, ellas estarían poniendo al descubierto un tipo de observador particular: el decisor lineal. Hasta aquí quedaría ejemplificada la primera parte de este principio.

Afortunadamente, ser un decisor lineal no es una cualidad –invariable e inmutable– sino una calificación que, muy por el contrario, es susceptible de modificación. Aún puede transformar su condición de "lineal" para convertirse en un decisor ecosistémico usando su capacidad de aprendizaje y creando nuevas formas de apreciar que el lenguaje posibilita. Este aprendizaje será entendido como un proceso que, una vez realizado, aumenta el conjunto de acciones que el nuevo observador será capaz de realizar.

Para comprender mejor este principio, la OL propone un modelo a partir del cual es posible interpretar el accionar humano. Se denomina modelo OSAR y su sigla significa, leída de derecha a izquierda: Resultados, Acción, Sistema y Observador. Resumidamente, quiere decir: los resultados que alguien obtiene en la vida suelen ser lo primero que distingue; ellos se conectan y remiten a acciones puntuales realizadas por el individuo; estas acciones a su vez, no son caprichosas, sino que tienen relación con el tipo de observador que el individuo es: un observador que cuenta una historia de coexistencia dentro de un ecosistema.

Los aprendizajes que el observador puede realizar a través del lenguaje se dividen en niveles que serán explicados a continuación.

Niveles de aprendizaje desde la OL

En el primer nivel se ubica el aprendizaje llamado de "primer orden" y tiene lugar cada vez que un individuo aprende de manera directa una nueva acción.

Este es el tipo de aprendizaje más usual, en donde la finalidad es acrecentar el conjunto de acciones que ya dispone. Por ejemplo, si alguien toma clases de piano, guitarra, o cualquier instrumento musical, de Excel u otros utilitarios informáticos, al final del curso podrá realizar las acciones que antes de iniciarlo no era capaz. El aprendizaje realizado habrá ampliado su campo de acciones posibles en un ámbito puntual. De la misma forma, aprender a conducir, a andar en bicicleta, o tomar clases de oratoria, ceremonial y protocolo, también podrían ser vistos como aprendizajes de primer orden.

En este tipo de aprendizaje lo único que se transforma son las acciones que la persona puede realizar. Sin embargo, el observador – esa manera particular que tiene de apreciar la vida, el mundo y sus relaciones– muy probablemente se mantenga sin cambios; será el mismo observador antes y después del curso. Por ello, este aprendizaje no es considerado un aprendizaje ontológico.

Un segundo nivel de aprendizaje, también llamado de "segundo orden" o "genérico", tiene lugar cuando el individuo interviene de manera directa en la manera de usar el lenguaje para crear realidades. Las modificaciones se producen en el nivel de sus habilidades "conversacionales". Con el aprendizaje de nuevas habilidades en el lenguaje o expandiendo las que ya poseía, surge la posibilidad de ampliar el repertorio de acciones y posiblemente, los resultados que ellas produzcan.

Sería válido que usted pudiera preguntarse: ¿siempre necesito aprender una habilidad conversacional? La respuesta es no, si lo que usted busca es una receta para cocinar un bizcochuelo, entonces un aprendizaje de primer orden estaría bien. Sin embargo, solemos buscar y aplicar recetas para muchos temas de la vida en diferentes ámbitos que, luego de aplicadas, nos damos cuenta que no modifican los resultados. Si el bizcochuelo no le salió como quería, es posible que la receta no sea buena o que su horno no funcione bien; pero también cabe pensar que algo en usted no posibilitó el resultado. Si este fuera el caso, seguir buscando y aplicando recetas, posiblemente, seguiría sin producir los resultados deseados.

Por ejemplo, cuando un individuo estudia una carrera universitaria no solo incorpora conocimientos y habilidades técnicas necesarias para desarrollar una profesión; muchas veces puede verse desafiado por cuestiones más profundas, como por ejemplo, su habilidad para trabajar en equipo, para organizarse y organizar su aprendizaje, para conversar, escuchar y coordinar acciones con sus compañeros y profesores; incluso para liderar, si llegado el momento debiera hacerlo. En estos casos, sus resultados actuales podrían no cambiar si solo se enfoca en aprender nuevas acciones, por ejemplo, armar una agenda para organizar y distribuir las tareas, mantenerse hablando todo el tiempo con sus compañeros e indicándoles lo que cada uno tiene que hacer y chequeando si lo hacen. Por el contrario, esas acciones suelen no producir más que cansancio en los demás. Sin embargo, la situación cambiaría si producto de una reflexión se da cuenta de que su falta de habilidad para organizarse se debe, por ejemplo, a que no sabe decir NO a los variados pedidos que recibe, o a que le asigna la misma prioridad a cualquiera de ellos. Entonces, a partir de la exploración de sus propios límites y aprendiendo las habilidades que le van a permitir ponerlos y asignar prioridades, podrá organizarse mejor, aun sin una agenda.

En este nivel de aprendizaje el cambio se produce en el observador que se pone en funcionamiento en esa situación; hay un antes y un después en su manera de apreciar estos aspectos de su vida. Consecuentemente, las acciones que sea capaz de realizar serán producto de esa modificación.

Por último, en un nivel más profundo aún, el individuo podría realizar un aprendizaje de tipo transformacional de su observador actuando al nivel de los mitos o historias que le han contado y que ha aprendido acerca de "cómo son y cómo funcionan las cosas"; lo que Rafael Echeverría llama juicios maestros. Como pudo mostrarse oportunamente, estos mitos construyen supuestos, valores y conductas esperables. Siguiendo con el ejemplo del estudiante que no puede organizarse por no saber poner límites o por asignar la misma prioridad a todos los pedidos que recibe, él o ella podría iniciar un aprendizaje transformacional si a través de la reflexión logra identificar el sistema de supuestos y valores que opera detrás de la negativa a un pedido recibido. Supóngase, que como parte de su familia –como sistema primario de interacción y aprendizaje cultural– hubiera aprendido que los pedidos paternos o maternos (sus autoridades) no pueden ser rechazados porque eso es equivalente a una falta de respeto; supóngase que, como muchos niños, en algún momento lo hizo y por ello hubiera sido fuertemente castigado o avergonzado frente a otros. Experiencias emocionales fuertes o repetitivas generan aprendizaje; el niño ya sabe que decir que no puede traer serias consecuencias. Es posible que, a lo largo de su vida, siga atado a ese aprendizaje que, como los mitos culturales, operan de manera invisible en su vida.

En el ámbito organizacional, podría suceder algo similar. Tómese el caso de la gestión de riesgos (GR); ésta podría ser apreciada simplemente como un "proceso" o una suma de acciones encadenadas hacia un fin y, entonces, un aprendizaje de primer orden traería aparejado hacer "cambios" en las acciones que los individuos dentro de la organización vienen realizando para gestionar sus riesgos. Por ejemplo, se diseñarían nuevos planes de acción para mitigar determinados riesgos al nivel de las operaciones o contramedidas alternativas para abordar ciertos riesgos estratégicos. Incluso, estas mitigaciones podrían requerir esfuerzos de más alto nivel abarcando todas las áreas de una organización para establecer nuevas líneas de comunicación y nuevas responsabilidades y rendición de cuentas en el proceso o en el nivel de las decisiones estratégicas, según fuera el caso. Todas estas acciones podrían ser apropiadamente diseñadas, decididas e implementadas durante un primer proceso de GR. Sin embargo, mirar la GR como aprendizaje al nivel de las acciones plantea el desafío de poder "sostenerlas" y, consecuentemente, sostener el proceso o la estrategia en el tiempo. Aprender nuevas acciones sin aprender las habilidades que las hagan sustentables suele ser la causa raíz de que muchas iniciativas fracasen.

En cambio, si la GR incluyera, además, el aprendizaje de algunas habilidades de segundo orden o "genéricas", entonces allí la cosa cambia. Por ejemplo, si en la organización las áreas "conversan" poco entre sí y cada una cree que debe gestionar "sus riesgos" o "su" parte en un determinado riesgo, cuando las nuevas acciones impliquen comunicar, reportar a otras áreas, dar *feedback/input* sobre resultados o novedades, es posible que la GR deje de funcionar y sostenerse. En estas circunstancias, se hace necesario el aprendizaje de algunas habilidades dentro del dominio del lenguaje que no se aprenden con nuevas acciones ya que no se trata de que las personas involucradas en cada área no sepan "hablar". Posiblemente no han incorporado una mirada ecosistémica de la organización de la que forman parte y no comprenden el impacto que su "no conversar" o no comunicar tiene sobre otras áreas o sobre la organización como un todo. En este caso, se hace indispensable despertar la visión sistémica, al tiempo que ahondar en los procesos de hablar, escuchar, fundar juicios y aprender a diseñar conversaciones efectivas.

Pero si se da un paso más allá, es posible también otro tipo de aprendizaje más profundo y "transformacional" aún dentro de una organización; para que éste se produzca se requiere trabajar sobre los supuestos, creencias, valores, interpretaciones y juicios que subyacen la manera de hacer las cosas dentro de cada área, equipo e individuo.

Este aprendizaje suele ser un proceso bastante más largo y complejo que los dos primeros. Siguiendo el ejemplo de las áreas que no conversan –los llamados "silos organizacionales"– la transformación solo será posible explorando, abordando y desafiando muchos supuestos o creencias que alientan la "incomunicación" como acción habitual, creencias que muchas veces susurran al oído que hablar podría traer resultados indeseados. Entonces hay mucho "valor" en quedarse callado y retener información.

Todo conversar, desde la OL, muestra más de quien habla que de lo que se habla. Por ejemplo, si alguien hace un pedido no solo lo está haciendo, al mismo tiempo está mostrando que necesita algo de otro. Si hace una pregunta, puede estar mostrando que hay algo que no sabe. Yendo un poco más lejos, alguien podría entender que sus recursos para proveerse de lo que necesita o no sabe, no son suficientes para producirlo. En ecosistemas en donde la "necesidad" o la "ignorancia" sean interpretadas como "insuficiencia", "vulnerabilidad", "debilidad" o "inferioridad", los pedidos o las preguntas no serán acciones habituales.

De igual forma, algunas organizaciones suelen tener áreas valorizadas como "estrellas" y otras valorizadas como "rocas atadas al cuello". Por ejemplo, las áreas de producción y comerciales, dado que son visiblemente las que "producen" el dinero que la organización gana, creen que no tienen nada que conversar con otras áreas que no producen, pero que sí gastan el dinero de la organización. Estas creencias no solo suelen ser sostenidas por las áreas "productivas", sino que están implícitamente sostenidas por individuos u organismos que son la autoridad organizacional, llámese dueño, gerencia general o comité directivo.

Algunas culturas organizacionales alienadas dentro del paradigma resultadista ya comentado que suelen solo pensar en lograr y producir de manera constante, también suelen ser intolerantes frente al error, la debilidad y al no saber. Un aprendizaje transformacional en este tipo de organizaciones significa una modificación al paradigma imperante, el reactivar algunas inteligencias existentes y desarrollar otras nuevas. Los silos solo podrían disolverse si se exploran estas creencias y se generan aprendizajes transversales en todos los niveles de la organización, entrenando tanto a líderes como a colaboradores por igual. En línea similar, Peter Senge habla de las "organizaciones que aprenden".

El aprendizaje transformacional es un proceso largo y oneroso, pero el único que posibilita cambios profundos y duraderos.

El principio del sistema

Finalmente, la OL adopta la mirada sistémica para entender el accionar humano y elabora un tercer principio:

> La acción de toda entidad resulta de su propia estructura y de la estructura del sistema en el que tal entidad se desenvuelve. Ello define su ámbito de acciones posibles. Dentro de ese ámbito, sin embargo, suele estar la capacidad de introducir transformaciones en ambas estructuras. Estas transformaciones generan la posibilidad de acciones que antes no eran posibles. (Echeverría, 2005: 98)

Este principio quiere mostrar que las acciones de un individuo no solo están marcadas por su propio sistema de valores y su manera de interpretar –su observador– sino que la estructura del sistema en el cual vive y se desarrolla es determinante para poder comprenderlas. Ambas estructuras tendrían, *a priori*, el poder de definir el límite de su capacidad de acción. Como se comentó al desarrollar el principio de la acción, existiría un potencial de ampliación de este campo de acción a partir de la capacidad de aprendizaje propia y de su sistema. Esto fue desarrollado detalladamente en el apartado anterior.

Todo lo dicho sobre el enfoque sistémico es aplicable a este principio, por ello no se abundará en el particular. Tener la claridad suficiente acerca de la propia pertenencia a un ecosistema, es la base para comprender las acciones que como observador realiza y los resultados que obtiene. Si los resultados no son los que él o ella busca, entonces es preciso realizar aprendizajes al nivel más profundo posible para modificar su atadura a los propios paradigmas sistémicos. El aprendizaje que realice posibilitará nuevas acciones y conductas y tendrá el poder de ofrecer a su ecosistema un espacio similar. Teniendo en cuenta que este será impactado por el nuevo accionar del observador, necesitará producir las respuestas ecosistémicas adecuadas a esta novedad.

La ética ecosistémica como nuevo paradigma propone un valor que desafía mucho del estado actual del desarrollo y allí es donde se aprecia su complejidad. El aprendizaje que podría iniciarse en las habilidades conversacionales sin duda aportaría una nueva cara a la convivencia. Sin embargo, la recurrencia y sostenibilidad requieren de un profundo aprendizaje transformacional en el cual el respeto por el *status* único de todas las especies del ecosistema sea aceptado como el único valor sobre el cual esa convivencia se lleva a cabo y a partir del cual se desprenden los demás valores.

Es un aprendizaje posiblemente largo y desafiante, pero sin duda puede ser abordado por cualquier individuo cuyas limitaciones no sean tales que lo priven de algún dominio de acción, sea éste el lenguaje, la emocionalidad o la biología y corporalidad. No requiere ser superdotado ni poseer inteligencias diferenciales, solo requiere el deseo de verse constructor de un mundo mejor.

Capítulo 4

La decisión ecosistémica, el decisor y su perfil de riesgo

Con la intención de ubicarnos en este nuevo capítulo creo necesario resumir lo explorado hasta aquí. Dijimos inicialmente que hablar de riesgos nos lleva a hablar de las decisiones o no-decisiones de las que ellos emergerán. Sin embargo, muchos de los que, al momento de hacer una decisión, son puros potenciales –o riesgos– al minuto, día, mes, año, década, siglo o milenio siguiente pueden ser eventos completamente materializados en el ecosistema particular dentro del cual la decisión fue realizada o incluso, dentro de otros que sufrieron sus impactos. Por ello, y a fin de hacer más significativa la exploración sobre el decisor, elegí usar la metodología propuesta por el modelo OSAR de la OL, partiendo de esas materializaciones o resultados –la R del modelo. Pero, de todas las materializaciones posibles, solo nos concentramos en aquellas hoy juzgadas "no deseadas" por gran parte de la comunidad global, teniendo en cuenta el impacto ecosistémico que ellas han tenido.

Por su parte, la A del modelo OSAR dice que esos resultados no sucedieron espontáneamente, sino que están directamente relacionados con una infinidad de posibles decisiones y acciones previas; tanto la R como la A fueron desarrolladas en el capítulo uno donde se llamó decisión lineal a toda decisión que no tiene en cuenta el impacto ecosistémico.

Siguiendo el modelo, tampoco la decisión y las acciones consecuentes suceden a causa de un chasquido de los dedos; ellas son provocadas por un decisor, un ser humano que ejecuta la tarea de decidir. Allí, el recorrido por la madriguera del conejo deja la superficie y se adentra poco a poco en las profundidades de ese "decisor occidental", queriendo encontrar en su evolución bio-cultural algunas claves para comprender la causa raíz de sus decisiones lineales. En el capítulo dos pudo comprenderse que, hablar de evolución implica visualizar un complejo proceso de aprendizaje que integra biología y cultura, en una amalgama indisoluble.

Haber encontrado aspectos profundos que definieron su manera de apreciar la vida y el mundo hizo posible encontrar la O del observador dentro del modelo OSAR, un observador que, en la propuesta realizada, esconde un claro dolor existencial detrás de los distintos disfraces que el lenguaje le permitió construirse. El cometido del capítulo tres fue mostrar este dolor –el estigma de una condición temporal que lo ha puesto en un espacio de vulnerabilidad del cual, emocionalmente, no ha sabido salir– y dejar planteado un posible aprendizaje genuino. Este aprendizaje tendría el poder suficiente para convertirlo en un observador ecosistémico habilitado para respetar el *status* único de todas las especies, empezando por la propia, y de respetar al ecosistema como tal.

Este nuevo capítulo invita a poner al decisor bajo la lupa de otras disciplinas que han logrado importantes avances en su cometido por comprender procesos neurológicos que se ponen en marcha al momento de hacer decisiones. La intención detrás de esta indagación es que el conocimiento que ellas puedan proveer complemente y fortalezca la perspectiva ofrecida por este trabajo sobre el decisor occidental, un decisor que al solo efecto de distinguirlo y hacer más ágil su referencia, será identificado como OOL (observador onto-lingüístico).

4.1 El decisor, un observador onto-lingüístico

Tal como se mostró al desarrollar los principios ontológicos el proceso de decidir pone en funcionamiento al OOL, activando el conglomerado de aprendizajes que su genética y su cultura favorecieron y predisponiéndolo a realizar ciertas decisiones y no otras. Por ejemplo, si alguien es apuntado con un arma, casi con certeza tal evento activará su miedo a morir y el instinto genético de supervivencia, movilizando decisiones y acciones acordes a esa experiencia. Si el caso se tratara de un robo, el individuo sumido emocionalmente en el miedo, tal vez ofrezca todo lo que lleva encima y ruegue por su vida. Sin embargo, podría suceder que, además de activarse el miedo por su vida, se activaran otras inquietudes, como por ejemplo cuidar de alguien que lo acompaña o de algo con alto valor sentimental; en este caso, su ruego podría incluir una negociación con el asaltante para proteger aquello que quiere. También es posible que se activen inquietudes diferentes, como, por ejemplo, su indignación frente al abuso – la cual puede ser para algunos OOL tan fuerte como su miedo a morir– y que el individuo sea capaz de acciones arriesgadas de contra ataque.

En todo el proceso descripto, el decisor parece realizar consideraciones y acciones tanto deliberadas como no deliberadas; por ejemplo, las inquietudes inminentes del OOL, las emociones que las acompañan y que afloran en presencia de una situación que requiere decisión, quedarían del lado "no deliberado" toda vez que no es el individuo quien las invoca sino que, sencillamente, se hacen presentes y dirigen su accionar. Estas decisiones, de las que hablaremos en detalle en el siguiente título, funcionan como reglas programadas en su cerebro y guardadas en su memoria. Hasta tanto toda la información llega al neocórtex, se trataría de un proceso netamente automático; a partir de allí y mediando restablecimiento emocional, el individuo se torna capaz de tomar el mando y comenzar a deliberar conscientemente en la situación.

Este funcionamiento parece abrir un punto para el debate: si se acepta la propuesta de que el decisor es un OOL tomado por paradigmas culturales y ecosistémicos de los que, muchas veces, no tiene conocimiento: ¿hasta qué punto hay deliberación en sus elecciones? ¿Es esa mera habilidad para elegir vivamente a favor de una alternativa A o B lo que convierte a una decisión en "deliberada"? ¿Qué pasa con esas preferencias embebidas culturalmente? ¿En qué medida son ellas deliberadas?

Dado lo interesantes que me parecen estas preguntas, propongo explorar algunos procesos biológicos que entiendo permitirán elaborar algunas respuestas.

4.1.1 Los procesos heurísticos

Tal como mencionamos momentos atrás, parecería que ciertas decisiones se hacen sin mediar voluntad y en automático; ellas suelen ser referidas como heurísticos del decisor. Especifican ciertas estrategias aprendidas y memorizadas por el cerebro que, más tarde, este usará como una "regla" para juzgar ciertas experiencias y aplicar, de manera no deliberada, la "solución" aprendida. Usualmente, son imperceptibles por el decisor, sin embargo, cobran significación cuando la decisión realizada produce resultados que más tarde son juzgados indeseados o, como muchos dicen, erróneos. Cuando esto sucede, se dice que los heurísticos produjeron sesgos o errores decisorios.

Las redes neuronales

Para hablar de estas reglas y comprender cómo ellas forman parte involuntaria de cualquier decisor, es importante conocer y comprender el esquema en el cual tienen lugar o se forman.

En un artículo muy interesante de la revista Frontiers in Psycology del año 2018[1], Korteling, J et al. propusieron la "perspectiva de la red neuronal" para explicar la cuestión de los heurísticos a través del funcionamiento –biológico y psicológico– del cerebro. La teoría parte de aceptar que, en términos evolutivos, el funcionamiento del cerebro ha servido a la adaptación de la especie humana con fines de supervivencia dentro de su ecosistema natural. Recordando lo discutido en el capítulo dos, esto incluiría tanto los procesos que aseguran la supervivencia biológica como social y serían responsables del mix de decisiones de competencia, colaboración y altruismo capaces de asegurar la perpetuidad de los genes.

Habilidades altamente complejas como las motoras, los patrones de reconocimiento y el aprendizaje asociativo que permitirían al ser humano buscar comida, detectar peligros, pelear o huir, son ejecutadas eficientemente por el cerebro sin ningún esfuerzo consciente a fin de asegurar la supervivencia biológica. Sin embargo, este órgano estaría mucho menos optimizado para la ejecución de habilidades que favorecen la supervivencia social como el análisis, razonamiento, abstracción, reflexión y pensamiento conceptual –que evolutivamente fueron desarrolladas mucho más recientemente a partir de los mismos mecanismos neuronales primitivos.

Según la perspectiva el cerebro puede apreciarse como una gran red de neuronas que ejecuta esas funciones, constituyendo un *wetware* –no un software ni un hardware– un complejo donde trabaja conjuntamente con la mente y un proceso electro-químico subyacente. Las redes ejecutoras estarían formadas por grandes cantidades de neuronas agrupadas e interconectadas –también llamadas *firing neurons*– a fin de realizar diferentes acciones.

Según la propuesta, el mecanismo básico que el cerebro usa para procesar la información es la asociación o correlación y a partir de este, tienen lugar otros tres, la compatibilidad, la memoria y la atención. Juntos explicarían la predisposición del cerebro a siempre buscar asociar

---

[1] Korteling, J.E., Brouwer, A.-M. & Toet A. (2018). *A Neural Network Framework for Cognitive Bias. Front. Psychol.* 9:1561. doi: 10.3389/fpsyg.2018.01561
https://www.frontiersin.org/articles/10.3389/fpsyg.2018.01561/full

información no relacionada y a dar prioridad a aquella información que se presenta compatible con el conocimiento, opiniones o expectativas ya disponibles en la memoria. También explicaría su predisposición a retener o memorizar información conocida –que bien podría ser ignorada o despreciada por irrelevante– y a prestar atención a información dominante, despreciando información relevante que no pudo ser reconocida de manera directa.

Así, las redes neuronales funcionan de manera no deliberada a partir del mecanismo de asociación, buscando correlacionar, encontrar coherencia y conexión de la información que absorbe y procesa el cerebro, prefiriendo patrones invariables y consistentes; por ejemplo, tratando por todos los medios de encontrar coincidencias espacio temporales o similitudes en forma y contenido.

Teniendo en cuenta que la supervivencia biológica y social es el *driver* del funcionamiento cerebral, es posible ahora explicar tanto la necesidad cerebral de entender y predecir usando patrones ordenados y consistentes en el tiempo, como la incomodidad y dificultad para lidiar con el caos, lo impredecible y azaroso. También explicaría, en cierta forma, por qué el cerebro no es amigo de los cambios. Incluso, aunque las correlaciones que realiza pudieran ser accidentales, el cerebro tratará de forzar la coincidencia con patrones o categorías conocidas, a fin de dar sentido a la información que procesa. Estas categorías funcionarán como reglas programadas que serán aplicadas a toda información sin distinción, y esto no siempre llevará a hacer la decisión apropiada, capaz de lidiar con la situación puntual que quiere dirimir.

Un ejemplo podría ayudar a comprender más rápidamente de qué estamos hablando. En ciertos ecosistemas cuando usted va caminando por la calle en horario nocturno y ve aproximarse a un individuo con una vestimenta que le tapa la cabeza y parte de la cara – un encapuchado– es posible asumir que se trata de alguien con intenciones de ocultar quién es y, quizás, robarle sus pertenencias. Es decir, que en su cerebro existe programada una "categoría" para encapuchados caminando por la noche como sinónimo de "potencial ladrón". Esta categorización podría salvarla/o de un potencial ataque si la regla heurística la/o lleva a decidir cruzar la calle y salir corriendo; sin embargo, también la misma regla podría llevar a un error cuando mientras sale corriendo una voz familiar la/o llama y usted se da cuenta que es un familiar o amigo. En este ejemplo, la consecuencia del sesgo o error decisional, es menor; pero ¿qué hubiera pasado, si en lugar de cruzar al ver al sospechoso aproximarse demasiado, usted le tirase gas pimienta o agarrase una piedra del suelo y lo golpeara? Aquí la consecuencia podría tener una cierta gravedad.

Algunas reglas heurísticas terminan produciendo sesgos o errores decisionales porque no son efectivas para lidiar con la situación particular pero el cerebro las usa porque le generan una suerte de ilusión de tener controladas algunas situaciones, viendo causalidades en eventos desconectados, estereotipando imprecisamente cosas o personas y hasta incluso inclinándose por la superstición.

El segundo de los mecanismos se presenta muy interesante si se tiene en cuenta que la asociación de la información antes descripta queda fuertemente determinada por su compatibilidad o conformidad con el estado de la red neuronal en un momento dado. Es decir, el cerebro busca entender y predecir no solo a partir de patrones estables y ordenados, sino especialmente a partir de la consistencia con lo ya aprendido, conocido, esperado y, por tanto, comprendido. Esto significa que, dado un determinado aprendizaje –que pudo haberse realizando mediante entrenamiento y experiencia o mediante la exposición a un estímulo repetitivo– la regla heurística funcionará tratando de categorizar y evaluar la información tal como dicho aprendizaje lo determine. Este segundo mecanismo permite decir que el cerebro trabaja compulsivamente a favor de confirmar lo que ya conoce y, sin proponérselo, a favor de sesgar la apreciación y la decisión consecuente, debido a que tiende a descartar información que no le es familiar. Sin importar si lo aprendido son conocimientos, creencias, valores o experiencias de cualquier tipo, el cerebro usará la regla construida para evaluar de manera rápida, información o estímulos del ecosistema, y tenderá a ignorar o pasar por alto toda aquella que no coincida con ellos.

Mientras las bases de datos o los discos duros de una computadora pueden aceptar, procesar y guardar información sin importar sus características, en redes neuronales la selección y el procesamiento de las entradas depende de ellas. Cuando el input es compatible, está en conformidad o es coincidente con lo existente, es más fácilmente seleccionado, procesado y establecido contribuyendo con lo que se conoce en psicología como "imprimación" o "preparación". Este *priming effect* dice que la exposición a un cierto estímulo influencia la respuesta de un individuo a un estímulo subsiguiente sin tener conciencia de la conexión. Si, por ejemplo, le presentan a usted la palabra "doctor", al momento siguiente va a poder reconocer la palabra "enfermera" más rápido que la palabra "perro", porque ambos conceptos están ya estrechamente asociados en su cerebro; y esto sucede sin que nos demos cuenta.

En la práctica, el mecanismo de compatibilidad se puede observar a través del llamado "sesgo de confirmación" en el cual, frente a cierta información, el decisor tiende a quedarse con aquello que confirma su conocimientos, creencia o experiencia. Una infografía publicada por el sitio visualcapitalist.com[2] en mayo de este año mostraba cómo los sesgos cognitivos eran usados por los políticos y medios de comunicación para influenciar la opinión pública y los resultados de las elecciones. En el caso del sesgo de confirmación, lo harían a través de buscar la polarización de la información y de la creación de los filtros de burbuja que ofrecen un único universo de contenido basado en las preferencias del votante. Este sesgo de confirmación también suele ser usado a través del sesgo de cobertura de muchos medios de comunicación, los cuales dan una desproporcionada atención a ciertos temas o tópicos, en relación con otros; o a través del sesgo de concisión, por el cual algunos medios eligen exponer aquellas partes de la información que puede ser fácilmente entendida o "comprada" por el público, omitiendo detalles o matices que cambiarían la perspectiva de quien escucha o lee.

En cuanto a la memoria, como tercer mecanismo funcionando asociativamente en las redes neuronales, una vez que la información o estímulo entra al circuito neuronal, ya no puede ser voluntariamente borrada o eliminada, debido a que todo estímulo que entra al cerebro afecta su estructura físico-química y sus propiedades de conexión. Esto produce un efecto de anclaje que afectará el juicio o decisión que se tome a continuación. Claro, todo esto sin que usted se dé cuenta.

Por ello, cuando información irrelevante o engañosa es asociativamente integrada en el circuito neuronal, será como un ancla que afectará la posterior decisión. Esto sucedería porque, a diferencia de una computadora, el cerebro no guarda información nueva independiente y separadamente de la información ya existente, sino que la reconsolida en sus circuitos de memoria, integrando nuevos inputs con las representaciones existentes. Si, por ejemplo, usted recibe nueva información luego

[2] Lu, M. (2020). Infographic: 11 Cognitive Biases That Influence Political Outcomes. 7 de mayo de 2020. Original en: https://www.visualcapitalist.com/11-cognitive-biases-influence-politics/

de haber tomado una decisión –el resultado de la decisión– el cerebro la integra modificando la forma en como se ve el evento o decisión original. Esta reconsolidación o integración de información nueva con la existente tendrá como consecuencia que la representación exacta de la decisión original ya no pueda ser accedida por el cerebro y tenga la ilusión de que el resultado pudo haber sido predicho. Hace poco, una amiga me contó que otra amiga había planificado la realización de una inversión para un día determinado de la semana. El día anterior al evento de inversión el gobierno dictó una serie de medidas que impactaron la forma en como había planificado tal inversión. Al comentarlo juntas, la inversionista le dijo: "no debería haber esperado hasta el miércoles, podría haberla hecho el lunes o el martes, me hubiera ahorrado el disgusto". Mi amiga con la precisión que la caracteriza le dijo: "ni vos ni nadie sabía que iban a dictar esa normativa". Dada la nueva información integrada en el cerebro –la nueva ley– el cerebro no puede acceder al recuerdo de la decisión original en el cual tal legislación no existía como información disponible. Algo similar sucede cuando alguien posee en el largo plazo un ítem cualquiera (cosa o aprendizaje), sobre el cual suele darse una mayor fijación neuronal que algo que aún no se adquirió. Algunos suelen llamar a esto "apego".

Finalmente, el cerebro, además de buscar asociación entre lo conocido y memorizado, se enfoca en información dominante que fácilmente se hace disponible a la hora de evaluar, juzgar y decidir. No importa si dicha información está fundada en una limitada experiencia: dado que domina el espectro de atención, el cerebro podría sin problema ignorar o pasar por alto información basada en datos consistentes. Si las creencias de un OOL ocupan un lugar dominante, por ejemplo, el caso de alguien fanatizado por lo religioso, político, ideológico, futbolístico o de cualquier otro tipo, todo lo verá con esa perspectiva y cualquier otra idea será fácil y automáticamente descartada.

En resumen, el cerebro humano en su cometido por trabajar de manera eficaz y eficiente a favor de la supervivencia biológica y social, automatiza el proceso cognitivo y por ello, muchas apreciaciones, juicios e incluso decisiones tienen lugar sin mediar voluntad ni deliberación. Adicionalmente y en términos de la teoría analizada previamente, los sesgos o errores decisionales se producirían por la falta de concordancia entre las características básicas del diseño original del cerebro –los mecanismos ya comentados– aptos para optimizar sus funciones perceptuales y motoras en pos de asegurar la supervivencia física, y la naturaleza de las situaciones o problemas analíticos y conceptuales en las que dichos mecanismos también operan.

La emocionalidad en el proceso heurístico

Basados en lo aprendido hasta aquí un determinado contexto situacional activará una estructura neuronal ya conectada de manera automática. Se podría decir entonces que, en tanto las interacciones con el medio o ecosistema hubieran producido un aprendizaje, si la situación volviera a repetirse o el cerebro encontrara o forzara una asociación con una experiencia previa, dicho aprendizaje se activaría como regla o heurístico.

En el capítulo dos pudimos mostrar que el procesamiento del miedo innato tendría una base genética. En tanto aprendizaje evolutivo que posibilitó la supervivencia, su funcionamiento no es deliberado sino automático. Pero, ¿qué papel juega el aspecto emocional de las experiencias vividas por cada individuo? ¿podría una emoción transformarse en una regla a aplicar en determinadas situaciones tal como se aplica una decisión o juicio heurístico? Las próximas líneas servirán para intentar responder estas preguntas y para proponer que las emociones juegan un papel fundamental en el aprendizaje evolutivo y en los heurísticos del decisor.

Necesitamos ahora cambiar la perspectiva y poner foco en otros aspectos ampliamente estudiados por la ciencia, como la estructura cerebral y la operación de diferentes órganos o grupos de órganos involucrados en el mantenimiento del humano como ser viviente (homeostasis), y en favorecer sus chances de sobrevivir en el ambiente o ecosistema natural y social.

Podría decirse que el cerebro consta de dos partes bien diferenciadas, tanto por funcionamiento como por linaje evolutivo. Por un lado, la corteza cerebral o neocórtex, una estructura moderna en la evolución biológica; y por otro, el llamado sistema límbico o cerebro primitivo emocional, estructura que ya fue mencionada en otro lugar y que acompaña al humano y otros animales desde los albores de la evolución.

Aunque no hay un consenso general acerca de la conformación de este último sistema, podrían listarse brevemente algunos de sus órganos principales. La amígdala cerebral es una estructura doble ubicada en la base de cada lóbulo temporal. Conocida también como el centro emocional del cerebro, es responsable de que el humano aprenda a tenerle miedo a ciertas cosas, así como del enojo, el asco y la ansiedad –todos ellos aspectos útiles para la supervivencia. Muy cerca y por debajo se encuentra el hipocampo, desempeñando un rol muy importante en la creación y almacenamiento de nuevos recuerdos y en consolidar la memoria de corto y largo plazo. Por encima de la amígdala se encuentra el hipotálamo que tiene asignada varias funciones importantes como regular el sistema endocrino a través de su conexión con la glándula pituitaria y el sistema nervioso autónomo –responsable de la función de huir o pelear, del descanso y la digestión, de regular la temperatura corporal y del ciclo del sueño en respuesta a la luz. Otro órgano relevante es el tálamo, ubicado por encima de los anteriores, una estructura grande que funciona comunicando la actividad límbica con la corteza cerebral.

Sintéticamente, el sistema límbico opera de la siguiente manera: la amígdala funciona como un detector de potenciales amenazas o peligros, a partir del escaneo rápido de información del ambiente que le llega de forma continua por distintas vías. Una de las vías de recepción usa las conexiones que mantiene con el tálamo que se encarga de recibir y comunicar información sensorial. Dicha información es evaluada por la amígdala y si detecta "peligro", a través de su comunicación con el hipotálamo y en cuestión de cien milisegundos, este último activa el sistema adrenomedular. En este proceso le ordena a las glándulas suprarrenales que liberen hormonas como la oxitocina y epinefrina o adrenalina y prepara al cuerpo para dar respuesta inmediata –luchar o huir– sin que medie la voluntad del individuo. Según un estudio realizado en 2010 por el equipo del neurobiólogo David J. Anderson del Instituto Tecnológico de California (CalTech) y el del profesor Andreas Lüthi, del Friedrich Miescher Institute (FMI), la amígdala contaría con dos grupos diferentes de neuronas encargadas de activar e inhibir el circuito del miedo, respectivamente[3].

Supóngase que va caminando por la vereda y usando el celular en una llamada; de pronto y como de la nada, aparece algo delante suyo andando a toda velocidad. Sin que usted haya podido identificar el objeto o haya tenido la oportunidad de evaluar si la o lo atropellaría, usted da un salto atlético hacia el costado, casi sin darse cuenta. En ese momento se da

[3] Gámez, Carlos. (2010). Así funciona el circuito del miedo en nuestro cerebro. lainformación.com. Ciencia Y Tecnología - Ciencias (general). Original en https://www.lainformacion.com/tecnologia/asi-funciona-el-circuito-del-miedo-en-nuestro-cerebro_nwpGydHpAnF4Z2uhykhNs7/

cuenta de que era una bicicleta y que no la iba a atropellar porque ya estaba en otra senda diferente a la suya. Esta segunda tanda de información que le llega a la amígdala desde la corteza frontal del cerebro le permiten hacer la evaluación desactivando el circuito del miedo.

El hipocampo también le habrá enviado información adicional de contexto y de la que ya tiene almacenada y será el encargado de consolidar el recuerdo, imprimiendo en su banco de memoria la experiencia emocional. Es posible que el impacto corporal de la carga hormonal y las diferentes sensaciones físicas que ellas dispararon –sudoración, taquicardia y tensión muscular– actúen como "fijador" de dicho recuerdo y, en futuras oportunidades similares, el cerebro las active y le recuerden que caminar por la vereda distraído/a hablando por teléfono puede poner en peligro su vida.

Por ello se dice que el sistema límbico en su conjunto tiene la función de determinar qué situaciones requieren aprendizaje y qué experiencias incluir en la memoria. Según una experiencia sea más fuerte emocionalmente o muy repetitiva en el tiempo, aunque la intensidad emocional no lo sea tanto, el impacto que ellas produzcan servirá para fijar lo vivido y aprendido; si posteriormente el cerebro, aplicando sus procesos de asociación/correlación/memoria/atención ya explicados, volviera a detectar estímulos similares estará en condiciones de hacer uso del aprendizaje emocional ejecutando la respuesta respectiva, sin deliberación por parte del individuo. Por ello, el miedo frente a ciertas situaciones se dispara de manera impensada e incontrolable, lo mismo el enojo y otras emocionalidades, una vez hechos los aprendizajes ecosistémicos. Sin embargo, el cerebro también podría forzar la asociación con un determinado aprendizaje y aplicarlo a la situación puntual aún cuando no sea apropiada como respuesta, produciendo un error decisional.

Los aprendizajes emocionales también podrían ser considerados reglas heurísticas que se hacen presentes de manera no deliberada; recuérdese que el cerebro necesita predecir para mantener al individuo en condiciones de supervivencia, y por ello buscará en lo conocido, en los aprendizajes ya realizados y en aquella información significativa y dominante. En ciertos ámbitos de acción, las experiencias emocionales suelen actuar como anclas, dominando el repertorio de reacciones y produciendo una recurrencia muchas veces inexplicable. El enojo recurrente de un individuo frente a cualquier cosa que contradiga su forma de juzgar o apreciar (la metafísica ya comentada) es un buen ejemplo; aun cuando el otro punto de vista sea completamente inocente y no presentara ningún riesgo dicha emoción se hará presente.

4.1.2 La neuroplasticidad del decisor

Desde hace ya varias décadas hay consenso acerca de la plasticidad del sistema nervioso que gobierna la supervivencia del ser humano. Esta plasticidad se pensaba que solo ocurría en la época de formación embrionario –ontogenia– y hasta la adolescencia; sin embargo, actualmente se entiende que es un proceso que persiste en adultos. Se llama neuroplasticidad a los cambios que experimenta el sistema nervioso producto de la experiencia –eventos traumáticos, estrés, interacción social, etc.– que da lugar la formación de nuevas memorias, aprendizaje, o bien cambios que se producen como consecuencia de daño cerebral.

Sin ser el propósito de este libro explicar el funcionamiento del sistema nervioso, la idea es comentar lo más sencilla y sintéticamente posible el mecanismo que posibilita la neuroplasticidad a fin profundizar lo que conocemos acerca de nosotros mismos.

Líneas atrás se dijo que el cerebro opera a través de redes de neuronas conectadas; ellas se activan a fin de transmitir información por medio de impulsos eléctricos y neuroquímicos –usando neurotransmisores. En este proceso, bien pueden potenciar la fuerza con la cual transmiten información a otras neuronas, o bien, pueden disminuirla. Cuando las neuronas y las redes (neuronales) de las que forman parte son usadas con frecuencia –es decir, se activan frente a estímulos similares o asociados de manera forzada por el cerebro– se vuelven más fuertes. Cuando esto pasa, el potencial de acción que llevan consigo tiene más chances de afectar las neuronas con las cuales se conectan. Por el contrario, cuando no son usadas habitualmente, se vuelven débiles y el potencial de afectar a las otras células decrece. Pongamos un ejemplo, si usted está aprendiendo un idioma y no realiza ningún tipo de práctica (leyendo, escribiendo, hablando o escuchando) no está posibilitando que las neuronas se conecten frecuentemente reforzándose. Por otro lado, si usted ya aprendió un idioma y tampoco realiza prácticas, estará provocando que las conexiones realizadas se debiliten; esto no quiere decir que en algún momento pierda ese aprendizaje, pero sí podría perder fluidez, pronunciación y quizás vocabulario.

La neuroplasticidad o cambios que puede experimentar la neurona pueden darse al nivel de la sinapsis –espacio que conecta la terminal axónica de una neurona con la dendrita de otra– y entonces se habla de plasticidad sináptica. En este caso, el cambio puede ocurrir de varias maneras: o bien se puede modificar la cantidad o el tipo de neurotransmisor que la neurona emisora dispara hacia la segunda, o puede modificarse la cantidad y tipo de receptores de esos neurotransmisores en la neurona receptora, o bien puede cambiar la respuesta debido a una mayor sensibilidad. Este tipo de plasticidad puede darse tanto en los casos de potenciación o disminución de la fuerza de transmisión ya comentados.

Otra forma de plasticidad se llama plasticidad estructural y consiste en la capacidad de las neuronas para crear nuevas conexiones con otras neuronas como resultado del proceso de potenciación ya descripto. Cuando dos neuronas "disparan" o se activan juntas con frecuencia (y entonces el potencial de acción de la primera produce mayor cantidad de respuestas en la segunda) entonces aumenta la cantidad de conexiones entre ellas (nuevos brotes). Como en el ejemplo del idioma, cada nuevo aprendizaje implicaría nuevas conexiones y la práctica su refuerzo. Por el contrario, cuando las neuronas no se activan juntas con frecuencia, puede suceder que pierdan sus conexiones (menor cantidad de dentritas o terminales axónicas) o incluso que las neuronas desaparezcan. Este proceso es llamado "poda".

Algunas conclusiones

Si bien la sucinta descripción realizada omite otras formas de neuroplasticidad, los aspectos descriptos tienen varias implicancias a los fines de este trabajo. Por un lado, colabora en mostrar de manera más integral, junto con lo desarrollado en la sección anterior, el funcionamiento cerebral y, por tanto, podría ayudar a completar la comprensión sobre el por qué algunas conductas humanas se repiten en el tiempo. Dicen los expertos que el cerebro es neutral; esto significaría que no hace distinciones del tipo bueno o malo, ético o no ético, respeto o falta de respeto; simplemente es un órgano que se encuentra en permanente estado de aprendizaje y repite todo aquello que se le muestra como habitual. De esta forma, puede aprender a repetir acciones que favorecen decisiones ecosistémicas como aquellas que no.

La primera conclusión y buena noticia que trae la misma neuroplasticidad es que ella tendría el poder de sacar al ser humano de su estado cavernario de supervivencia y poner a disposición su capacidad para aprender lo que aquel, tal vez, no traiga codificado en su genética o no haya sido capaz de despertar aún. Entonces, aprender a hacer decisiones que le permitan mostrar y mantener una conducta ética es un aprendizaje especialmente posible; esta capacidad no reconoce rangos, estatus social ni riqueza, cualquier ser humano saludable podría hacerlo.

Por otro lado y no menos importante, lo dicho hasta aquí en relación a los heurísticos, el funcionamiento del cerebro y la nueroplasticidad tiene como utilidad colateral el poder de liberar del ámbito más bien filosófico al "observador Onto-Lingüístico (OOL)" mostrándolo desde una dimensión biológica de la que no puede escapar. Sobre esta base, me permito entender al OOL como el conjunto de aprendizajes ecosistémicos (recibidos genéticamente o efectuados a lo largo de la vida) que el cerebro ha realizado, que activa para "apreciar la vida y el mundo" y para hacer decisiones. Muchas de esas decisiones serán automáticas y otras, aunque en apariencia deliberadas, también estarán en un nivel profundo, a merced de heurísticos culturales.

A priori, el OOL funcionaría como una gran regla heurística que se activa frente a determinados contextos situacionales sin que medie voluntad del decisor y, por tanto, susceptible de llevar a sesgos o errores decisionales; por ello y a fin de que cada uno pueda encontrar sus propias respuestas, vuelvo a plantear los interrogantes propuestos al iniciar el capítulo ¿hasta qué punto hay deliberación cuando la mayoría de los OOL decisores no tienen visibilidad o conocimiento de tal funcionamiento? Tal parece que la habilidad para deliberar y elegir vivamente a favor de una alternativa A o B no convierte por si sola a una decisión en "deliberada" y mucho menos la hace "racional"; más vale parecería solo conceder al decisor la ilusión de haberlo hecho.

Como segunda conclusión desde la perspectiva ecosistémica de este trabajo, una decisión será considerada deliberada y racional en tanto el decisor al momento de efectuarla, sea capaz de reconocer su mirada parcial, teniendo completo conocimiento y visibilidad de sus principales heurísticos y juicios automáticos, así como de los paradigmas que impregnan sus apreciaciones. Adicionalmente si el decisor, al momento de la elección, es capaz de cuestionarse y desafíarse voluntariamente a salir de ese espacio, para ubicarse en otro diferente donde el único paradigma imperante dirigiendo su elección es la ética ecosistémica. Otras decisiones serán consideradas automáticas cuando no medie voluntad del decisor, y otras serán calificadas como "decisiones transparentes" cuando, mediando voluntad de elegir, el decisor no tenga visibilidad acerca de cómo ellas están teñidas por mitos y paradigmas culturales o por el conjunto de valores y creencias que éstos llevan consigo.

Finalmente, teniendo presente que la interacción ecosistémica sería la encargada de producir la "experiencia" y el "aprendizaje" que posibilitan la neuroplasticidad, y que la biología define la forma en que los genes van a codificar las proteínas que el cerebro precisa para realizar sus procesos, podría decirse que el conocimiento científico logrado hasta ahora permite sostener el juicio de que pueden existir tantos OOL decisores como individuos en el ecosistema –tal como se propuso más atrás. Cada individuo puede ser sujeto de una neuroplasticidad diferente frente a la experiencia y, por tanto, de redes neuronales y potenciales decisionales, también diferentes.

4.2 Los perfiles de riesgo

No obstante cada OOL ser un decisor diferente, en esta sección trataremos de mostrar el valor de hablar del llamado perfil de riesgo para finalmente introducir al nuevo arquetipo decisional, el Decisor Ecosistémico (DE). Hablar de "perfiles" es hablar en lenguaje de arquetipos, una clasificación de entidades basada en ciertas características conductuales comúnmente observadas, significativas y notorias; ellos no tienen existencia fuera del lenguaje –es decir, son un invento del lenguaje y del humano– y podrían ser asimilados a la capa visible de todo OOL.

Identificar el perfil de riesgo de un individuo o de una organización en el mundo de los negocios, tendría una utilidad similar a la de conocer el signo zodiacal de una persona; le concedería, a quien realiza tal apreciación, la ilusión de creer que puede predecir cómo tal individuo o individuos –dirigiendo organizaciones– abordarán ciertas situaciones relevantes. Pero, ¿significa que las abordará tal como su perfil lo haría? Eso nadie lo sabe. Significa simplemente que se dispone de información acerca de experiencias que lo han mostrado con inclinación a tomar tales o cuales decisiones, y a comportarse de tal o cual manera. No obstante, a los efectos de la gestión de riesgos, esta clasificación podría ser útil como punto de partida a fin de ubicar al tomador de riesgos dentro del proceso.

4.2.1 Perspectiva microcósmica

Esta perspectiva, bautizada por la autora, contiene una clasificación bastante popular surgida en la década de los años 80 en el siglo pasado[4] que intenta caracterizar al tomador de riesgos infiriendo un determinado pensar a partir de sus acciones. Seguidamente se compartirán características de sus cuatro arquetipos y cómo ellos podrían ser apreciados a la luz de la OL, teniendo en cuenta que fue el prisma que este libro ha elegido utilizar, distinguiendo decisiones, acciones y emocionalidades más usuales.

El modelo reconoce cuatro grupos o arquetipos bien definidos y con poco en común: maximizadores, conservadores, gerenciadores y pragmatistas. Según esta perspectiva, si bien uno de los arquetipos podría funcionar como dominante, los individuos suelen mostrar más de un perfil.

El primer grupo, los maximizadores, se caracteriza conductualmente por una fuerte predisposición para asumir riesgos, cuanto más grandes y remunerados, mejor; sus acciones están siempre orientadas al futuro, y el pasado tiene poca incidencia sobre sus decisiones. Suelen pensar que en el largo plazo las ganancias siempre superarán las pérdidas.

Se trataría de OOL decisores que interpretan el riesgo como oportunidad, como la chance de crear o transformar valor, cualquiera sea la magnitud con la que se mida. Los desafíos parecen ejercer un efecto motivador sobre ellos. La posibilidad de una pérdida es prácticamente irrelevante a la hora de hacer sus decisiones, confian en su capacidad para trabajar por lo que desean y suelen considerarse emprendedores. Emocionalmente, se muestran como individuos entusiastas y a veces impulsivos.

Producto de mi profesión como coach ontológico recojo variadas experiencias. Hace algunos años un muchacho joven me contactó porque estaba pasando por un mal momento profesional y entendía que yo lo podía ayudar. Lo primero que me dijo al iniciar la primera conversación telefónica fue: "estoy en quiebra y quiero saber cómo puedo salir de

---

[4] Underwood A. & Ingram, D. (2013). *How Do You See Risk? – Risk Management Is All About Your Perception*. RIMS.ORG. 24 junio 2013. Original en www.rmmagazine.com/2013/06/24/how-do-you-see-risk-risk-management-is-all-about-your-perception/

ahí". Luego de una hora al teléfono donde le compartí de qué se trataba el coaching ontológico y qué podía esperar de realizar sesiones, me dijo: "eso es lo que necesito". Cuando le dije el costo de la sesión me dijo: "la plata es lo de menos, la voy a conseguir porque el trabajo lo genero yo y ganas de trabajar me sobran". Este encantador joven es lo que llamaría un maximizador típico.

El sesgo más común de este perfil es no poder distinguir algunas señales y tendencias relevantes dentro de su ecosistema y por ello incurrir en pérdidas con posibilidad de impactar fuertemente en su negocio. Su energía y atención puesta en el futuro pueden convertirse, muchas veces, en obstáculo que le impide ver y apreciar ecosistémicamente.

También, como parte del dictado de la materia Gestión de Riesgos Empresariales en la universidad, todos los años se lleva a cabo una experiencia práctica en una empresa de la zona, con la intención de ofrecer a los alumnos la posibilidad de participar de una parte del proceso de gestión de riesgos en vivo. Para la empresa se ofrece la oportunidad de capacitarse en la temática y de explorar riegos estratégicos. La mayoría de ellas son de tamaño mediano o pequeño y suelen ser o haber sido de tipo familiar; por ello, los interlocutores son generalmente los gerentes de rango más alto o los propios dueños. A lo largo de cinco años consecutivos, la experiencia ha dejado muy buenos aprendizajes a las dos partes, varios agradecimientos y muchas "frases célebres" dichas por los representantes empresariales. Junto con ellas también quedaron registradas decisiones y acciones que aportaron evidencia suficiente para clasificar a los mencionados gerentes y dueños, formando parte mayoritaria de un grupo arquetípico u otro.

Durante una experiencia realizada hace poco tiempo, tuvimos la oportunidad de trabajar con la dueña de una empresa dedicada a la conservación y restauración de archivos históricos, con más de 20 años de presencia en el mercado argentino. A través de un cuestionario exploratorio inicial, que entregamos a fin de conocer preliminarmente a la empresa e identificar un potencial perfil de riesgo, nos enteramos que había iniciado su actividad durante una de las tantas crisis de Argentina. Más aun, lo había hecho sin contar con experiencia personal previa en el segmento de mercado particular –el cual, tampoco existía en el país– asumiendo el desafío de abrir el mercado. En una de las respuestas al cuestionario comentó: "Si asumo riesgos y me equivoco, me queda el aprendizaje", "en todo lo que es riesgoso veo oportunidades". Dejando claro que el perfil más notorio era el maximizador, al cabo del mes que tomó realizar la práctica pudimos confirmar con evidencia este juicio inicial. De la misma forma, el trabajo realizado por el equipo de la universidad le mostró que ciertas tendencias ecosistémicas podían tener un impacto estratégico sobre su negocio y requerían atención, dando visibilidad al lado oscuro del maximizador.

El perfil conservador, por su parte, vendría a ser un opuesto del maximizador ya que su predisposición es evitar por completo asumir riesgos; sus acciones están fuertemente conducidas por la experiencia del pasado y muestra una especial aversión a la pérdida.

Desde una mirada onto-lingüística, podríamos decir que se trata de individuos que interpretan el riesgo con una connotación negativa, como el potencial de perder lo que han logrado; la posibilidad de seguir engrosando su haber no es suficientemente seductora frente a la pérdida, que puede jugar un papel paralizante en sus decisiones y una negativa a emprender. Su atención está puesta en conservar y controlar; emocionalmente, el temor, aunque puedan disimularlo, aparece claramente en su lenguaje verbal y corporal; raramente se muestran impulsivos.

Algo interesante de este perfil, mirado desde una perspectiva evolucionista, es que esta aversión a la pérdida se habría configurado como un heurístico genéticamente determinado hace muchos miles de años. Y parece tener sentido, si se tiene en cuenta que aumentaba las chances de supervivencia de los ancestros humanos que vivían "al día", y para quienes cualquier pérdida podía costar la propia vida y la de su familia. Sin embargo, en la actualidad, esta misma regla tiene el potencial de sesgar la mirada del decisor y exacerbar la importancia de la amenaza. Por ello, la contracara del perfil es casi paradójica: por temor a perder, pierden grandes oportunidades de desarrollarse.

En otro de los trabajos de GR hace algunos años, el equipo universitario realizaba su práctica en una empresa dedicada a prestar servicios de ingeniería. Uno de sus dueños encuadraba en este arquetipo conservador casi perfectamente: apariencia seria, medida, tranquila y con una tendencia a responder negativamente cualquier pregunta que le hacíamos acerca de sus planes de expansión y crecimiento, de búsqueda de nuevos clientes, o de ampliar su modelo de negocio y empoderar a los ingenieros para que pudieran desarrollarlo. Su negativa iba seguida de una explicación acerca de que crecer significaría perder el control de los costos. Al cabo de la primera sesión, nos enteramos que, durante una de las tantas crisis de Argentina, su especial habilidad para controlar costos le permitió evitar declararse en quiebra, pudiendo cerrar e indemnizar a sus empleados. Semejante aprendizaje, teniendo en cuenta lo dicho al estudiar la emocionalidad como fijador de la memoria, parecería haber estado en funcionamiento al momento de responder nuestras preguntas, aun cuando las circunstancias ecosistémicas del país eran muy diferentes.

El siguiente de los perfiles es el gerenciador, el cual muestra una marcada predisposición a tomar solo aquellos riesgos cuya recompensa hubiera sido concienzuda y formalmente sopesada. Es un perfil que invierte una gran cantidad de su tiempo en evaluar riesgos y recompensas y raramente lo hace solo. Suele rodearse de expertos que lo asesoran y aportan su mirada especializada. En sus decisiones y acciones, usa todo el espectro temporal de experiencias pasadas y presentes, planeando el futuro con posibles escenarios; sus decisiones no siempre son predecibles.

Desde una mirada onto-lingüística, se trataría de individuos que interpretan el riesgo en sus facetas de oportunidad y amenaza; si bien el potencial de seguir engrosando su haber les atrae, no están dispuestos a sufrir pérdidas innecesarias. Parecería un perfil con gran necesidad de controlar de manera continuada y sistemática las apuestas que hace. Emocionalmente, la cautela y el temor aparecen reflejados en su constante deseo de balancear. Sin embargo, cuando ese balance tiene el signo y el resultado que lo satisface, se comprometen ampliamente con la oportunidad.

La contracara o sesgo del perfil, podría estar en no reparar en que cualquier evaluación previa siempre será parcial y que haber invertido tanto tiempo y dinero en efectuar el balance no siempre tendrá el retorno esperado. Más bien, parecería que el cometido de tanto análisis fuera asegurar su satisfacción con la decisión más que el resultado en sí mismo.

Dado que el estilo gerenciador requiere de personas con marcada inclinación a la planificación, en especial a la planificación estratégica, el trabajo académico anual realizado en la universidad no ha dado la oportunidad de hacer experiencia con este perfil.

Por último, presentaremos el arquetipo pragmatista, el cual incluye individuos que muestran predisposición a mantenerse abiertos a las opciones sin comprometerse con ninguna en especial, a menos que juzguen una oportunidad valiosa. No creen que el futuro pueda predecirse, por lo que no le encuentran valor a la planificación estratégica ni tampoco a la gestión de riesgos, que tradicionalmente se ofrece como proceso continuo y estructurado de evaluación.

Desde la mirada de la OL, estos individuos podrían apreciar el riesgo en sus dimensiones de oportunidad y amenaza, y en otras dimensiones que mostraremos en el capítulo siguiente, teniendo en cuenta la amplitud de su mirada. Sin embargo, dado que la identificación de riesgos y la evaluación de tendencias no es una actividad que realizan de manera consistente, es posible que al tomar nota de una oportunidad ya sea demasiado tarde para gestionar sus riesgos y deban poner todas sus energías en reaccionar a los eventos. Emocionalmente, un amplio mix confluye en este perfil: miedo y desconfianza, entusiasmo y desapego, las cuales lo llevan a no apostar a una misma opción y elegir diversificar. Si pierden, solo perderán una parte, y lo mismo ocurrirá si ganan. Apreciados desde esta perspectiva, parecerían los más conservadores a la hora de invertir (recordar que el perfil conservador no arriesga y por lo tanto no invierte).

El pragmatista es uno de los perfiles que ha aparecido en los trabajos anuales en la universidad; años atrás los alumnos habían comenzado el proyecto trabajando con el Gerente General de una empresa petroquímica, cuyo producto estrella era utilizado para el *fracking* en perforaciones petroleras. De las indagaciones iniciales había surgido que su principal cliente –una gran empresa petrolera del país– acababa de inaugurar un mega laboratorio en conjunto con un centro de investigación estatal. En una de las sesiones de evaluación de riesgos estratégicos, le mostramos que cabía la posibilidad de que ese nuevo emprendimiento, además de hacerle perder a su cliente, se convirtiera en un "competidor fuera de serie" con altas chances de acaparar el mercado, provocarle un "estancamiento de su mercado" e incluso, dejarlo fuera de juego. Dado que la contramedida típica para este último es cambiar la ratio estrategia-colaboración, le preguntamos si veía como posibilidad una alianza con la compañía en cuestión. Nos miró anonadado con los ojos muy abiertos y dubitativo, mientras manifestaba que nunca hubiera pensado en aliarse con un competidor. Ese día dejamos la sesión con la sensación de que era una verdadera pena que no pensara de otra manera. En la siguiente sesión, volvimos sobre el particular e insistimos en la pregunta, y para nuestra sorpresa dijo que había reflexionado y evaluado nuestra sugerencia y días atrás se había puesto en conversaciones con sus contactos en la compañía; al parecer era muy probable tal alianza. Todos quedamos gratamente sorprendidos por la rapidez de este perfil pragmatista para ver lo que le convenía.

4.2.2 El decisor ecosistémico

Llegando al final de este capítulo, el desafío va de la mano de diseñar, preliminar e inicialmente, al arquetipo del decisor ecosistémico (DE), en línea con la propuesta de este libro. Decimos que es preliminar justamente porque es posible que sea el primer intento en su construcción. Siendo así, se pone a disposición como un esqueleto incompleto de algo que quiere hacerse crecer.

Previo a dicho diseño, y luego de haber realizado todas las indagaciones y reflexiones necesarias, entiendo que es momento de caracterizar la decisión ecosistémica, tantas veces referidas a lo largo del trabajo, la cual será el producto esperado de nuestro nuevo arquetipo decisional.

Una decisión será considerada ecosistémica cuando: en primer término, sea capaz de observar una ética basada en el reconocimiento y respeto hacia el *status* único de todos los integrantes del ecosistema en el que tiene lugar. Esta ética requiere dar participación a dichos integrantes y asumir responsabilidad por sus impactos y consecuencias. En segundo lugar, requiere que las consideraciones éticas sean efectuadas previo a realizar la decisión, y no posteriormente cuando los impactos ya se materializaron y muchas de sus consecuencias no pueden ser modificadas. En tercer lugar, el OOL decisor que la realiza comprende que muchas de las interacciones ecosistémicas quedan fuera de su ámbito de influencia y conocimiento, pero se compromete a indagar y considerar todos los dilemas éticos presentes al momento de la decisión. En último término, dicho decisor tiene pleno conocimiento de que su biología trabaja para optimizar su funcionamiento en el medio natural y social y que, por ello, muchas de sus decisiones no son deliberadas sino producto de aprendizajes o heurísticos que podrían llevarlo a sesgos o errores decisionales.

Tomando en consideración lo visto y reflexionado hasta aquí, diremos que el DE es un decisor cuyo OOL es opuesto al del decisor lineal y ha realizado una serie de aprendizajes ecosistémicos deliberados y productores de una neuroplasticidad orientada a "apagar" viejas conexiones neuronales indeseadas y "encender" nuevos circuitos capaces de producir, incluso funcionando como regla heurística, decisiones éticas. Adicionalmente, se trata de un OOL decisor que ha comprendido lo básico del respeto ecosistémico, un respeto que le propone innumerables dilemas éticos frente a los cuales necesita mantenerse en estado de aprendizaje continuado.

Los aprendizajes mínimos de este DE serán ofrecidos a continuación. Si bien la lista aparece dispuesta en un determinado orden, este es teórico y no secuencial; cada OOL decisor aprende a su forma y a su ritmo. El orden conferido solo quiere respetar la metodología del modelo OSAR que traza la salida de la madriguera del conejo.

También siento indispensable remarcar que los aprendizajes listados a continuación, aunque parezcan procesos que solo ocurren en el dominio del lenguaje, no podrían darse sin el trabajo paralelo en cada uno de los otros dos dominios, la emocionalidad y la biología-corporalidad. Incluso es posible que ellos puedan darse primero en el dominio emocional o coporal y luego en el lenguaje, eso dependerá de cada uno. Lo cierto es que, dado que el OOL es producto de una coherencia de los tres dominios, lo aprendido en uno tendrá un impacto necesario en los otros dos.

Aprender a identificar y abandonar sus paradigmas ecosistémicos

El más básico y fundamental aprendizaje que este arquetipo ha realizado o se encuentra realizando propone descubrir si alguno de los mitos descriptos en este libro tiene una presencia dominante en su vida y, en tal caso, el tipo de impactos que ha tenido en ella. No hay un orden para este descubrimiento. Para algunos, el paradigma metafísico será el que tenga más presencia y se constituya en el aprendizaje a partir del cual los demás decanten. Recuérdese que no necesita sentirse un fanático para declararse metafísico, cualquiera que se haya formado en la cultura occidental, religiones judeocristianas o sea parte de alguna "tribu" ideológica o urbana, posiblemente se encuentren en la misma situación. Para algunos OOL será sencillo poder deshacerse de este heurístico, pero habrá otros para quienes todo su aprendizaje pueda verse frustrado gracias al anquilosamiento de esta forma de apreciar.

Para otros decisores, el humanismo podría aparecer como dominante y darse cuenta de que el ser humano no forma parte de la especie más importante del planeta ni mucho menos, la más útil a su sostenibilidad; quizás, desde allí, podrían rendirse el mito resultadista y la metafísica.

Cualquiera sea el orden y el tiempo que le pudiera llevar, el descubrimiento realizado le habrá ofrecido la oportunidad de aprender a apreciarse, antes que nada, como un ser cuya biología lo hace vulnerable, temporal y sensible emocionalmente a esta facticidad. Si ello sucedió, será completamente consciente de estar parada/o sobre arena movediza, pero se habrá entregado a la experiencia de sentir ese miedo existencial en todo su cuerpo, habitando la emoción, dejándolo hacerse presente y manifestarse físicamente, para luego dejarlo ir con cada exhalación. Cada OOL encontrará su manera particular de realizar este aprendizaje del dominio emocional y corporal a lo largo su vida, sabiendo de antemano que, quizás, el miedo nunca desaparezca. Sin embargo este miedo, que lo seguirá ayudando a mantenerse vivo, ahora cumplirá un segundo propósito, el de mantenerlo atento y centrado en la experiencia de construir el presente.

Habiendo llegado a este lugar, parece totalmente posible que el decisor se sienta libre para cuestionar los valores sostenidos por los mitos de la superproducción, el hiperconsumo y la búsqueda febril de resultados. Sin embargo, abandonar los paradigmas ecosistémicos no significa renunciar a su vida e irse a vivir a la isla de Robinson Crusoe o a las montañas del Himalaya, estas serían la salida fácil. Significa aprender a ver en las interacciones sus dos caras –lo que propician y lo que destruyen– y hacer las elecciones que mejor reflejen sus cuestionamientos. Es claro que ningún decisor individualmente estará en condiciones de cambiarlos; sin embargo, elegir tomar distancia de valores, cosas y actividades que antes eran favorecidas o consumidas de manera automática, podría funcionar como una tendencia o preferencia de muchos decisores que, a gran escala, no pasaría inadvertida.

Apreciarse parte de los ecosistemas en los que participa

Este nuevo aprendizaje será también desafiante para el OOL que aspira convertirse en un decisor ecosistémico, ya que va más allá de comprender que es parte de un grupo o de un equipo o del mismo ecosistema: implica comenzar a mirar esa participación como un círculo de causalidad donde las interacciones que realiza o que se producen independientemente dentro de aquel son el elemento relevante al cual prestar atención, descubriendo su responsabilidad en el proceso. La responsabilidad no solo se refiere a hacerse cargo de lo que el decisor hace o no hace (uno de los lados de la inter-acción) sino, fundamentalmente, de los impactos que produce con ello y de las respuestas que recibe como consecuencia (el otro lado de la inter-acción). Entonces, recordando lo dicho sobre la mirada sistémica, ya no podrá decir que "el otro" tiene toda la responsabilidad, siempre habrá una responsabilidad compartida, aunque sea mínima. Ciertamente habrá eventos que el decisor no haya provocado y que escapen casi por completo de su esfera de influencia. Sin embargo, ser participante de un ecosistema particular implica, como mínimo, sostener su existencia y la forma en la que este opera.

Entender qué decisiones o qué aspectos de las decisiones tienen un carácter heurístico o automático

Si los anteriores aprendizajes parecieron desafiantes y tal vez complejos, debido a que requirieron de un espíritu reflexivo y autocrítico, este tercer aspecto puede serlo aún más y difícilmente, aunque no imposible, alguien pueda hacerlo solo y sin guía. Este aprendizaje requiere encontrarse cara a cara con el propio OOL que vino mostrándose en los anteriores aprendizajes –esa manera particular de apreciar la vida y el mundo– mirándolo con crudeza, como si existiera independientemente de sí mismo. Requiere desnudar sus tejes y manejes, sus emociones más usuales, sus interpretaciones recurrentes, sus heridas ecosistémicas y muchas otras creencias que fundamentan su vida. Una vez que lo logre, tendrá delante suyo al autor/a de sus decisiones, relaciones y resultados por *default*, y es posible que descubra el tipo de asociaciones y clasificaciones que su cerebro realiza, las cosas, eventos y emociones que ha memorizado y anclado. Todo lo cual, y sin mediar su voluntad, dirige sus decisiones.

Pero este aprendizaje no estará completo sin una mirada amorosa y compasiva hacia sí mismo, ya que cada uno como OOL es producto de multiples aprendizajes ecosistémicos invisibles y heurísticos; cada uno tiene una historia que contar.

Este tercer aspecto es el núcleo de todo el proceso del cual muchos no querrán oír hablar y otros, habiendo comenzado con todo el ímpetu, se quedarán en el camino. Ojalá encuentren el coraje necesario para continuar porque la promesa de transformación no es fantasía; convertirse en un decisor ético es posible e indispensable. Ese coraje no solo permitirá descubrir al OOL y aprender a reinterpretar aspectos significativos de la heurística en la que cada uno vive, sino que también será necesario para que la transformación sea sustentable, produciendo la recurrencia del nuevo accionar.

Las nuevas acciones serán nuevas conexiones neuronales que el aprendizaje dejó. Como fue dicho en el apartado dedicado a la neuroplasticidad, se necesita repetir el accionar para que esas conexiones tomen fuerza y se conviertan en la nueva regla heurística capaz de debilitar a las hasta entonces vigentes. ¿Eso quiere decir que las antiguas reglas van a desaparecer? No siempre, tal vez no todas deban desaparecer; dependerá de cada OOL el grado de transformación que quiera y sea capaz de lograr.

¿Qué habilidades caracterizan al DE?

Habilidad para salir de la transparencia

Si los aprendizajes compartidos en líneas anteriores tuvieron lugar con la recurrencia necesaria para forjar una suerte de hábito, habrá surgido una serie de habilidades tremendamente relevante y capaz de marcar un antes y un después en la vida del OOL decisor y en su forma de tomar decisiones. La primera será la habilidad para salir de la "transparencia" –usando el término que Echeverría le concede a ese vivir en una especie de "automático"– como cuando alguien maneja su auto, cocina, toma algo o incluso cuando trabaja, sin reparar expresamente en lo que está haciendo. Salvo que la actividad automática no haya resultado como se espera, por ejemplo, que choquemos con el auto, que nos quememos con la sartén, que se nos caiga el vaso de la mano o que la PC que estamos usando se rompa, el individuo no tiene puesta su atención en cada movimiento que hace. Adquirir habilidad para salir de la transparencia no significará plena conciencia para cada actividad sino plena noción de ese funcionamiento. Una mayor atención puesta en sus propias acciones y en las de los demás, y la posibilidad de salir del automático a voluntad.

Por ejemplo, los paradigmas culturales a los que refiere el primer aprendizaje operan como si el decisor viviera en una "matrix" pensando que esa es "la realidad". Incluso pensando que es la única. Si aquel aceptara que hay otras matrix, es posible que piense que la suya es la más importante y, en cualquier caso, todo su mundo funciona y se construye desde allí. Entonces, hablaremos de habilidad para salir de la transparencia cultural cuando el decisor, además de identificarse funcionando en el paradigma, pueda separarse voluntariamente a la hora de hacer una decisión, o incluso pueda salir de sus "garras" sin morir de un ataque de pánico. Si lo hace, podrá verse a sí mismo/a interactuando dentro del ecosistema a la luz de algún paradigma sin sentirse abducido/a y con la claridad suficiente para entender que el mundo en el que vive es un invento puramente humano y que lo que hoy es blanco, mañana puede ser de otro color.

Habilidad para sentirse protagonista y con poder para generar los cambios que desea

El segundo de los aprendizajes, de la mano con lo comentado en el párrafo anterior, habrá logrado que el OOL decisor se vea a sí mismo parte de un ecosistema y haya asumido su responsabilidad por los impactos y resultados de la interacción en la que participa. Esto habrá producido la habilidad de sentirse protagonista y, más importante aún, le habrá mostrado una faceta hasta ese momento oculta y de la que posiblemente no tuviera conocimiento, que es el "poder" para generar los cambios que desea.

Tal vez, el poder para ejercer influencia dentro de su ecosistema sea insignificante. Sin embargo, hay un ámbito en el que el OOL decisor es casi todopoderoso, y ese es el ámbito interno; nadie puede quitarle la voluntad de convertirse en DE. El sistema siempre será un límite, pero cuantos más decisores ecosistemicos existan accionando, en algún momento el sistema se rendirá.

Habilidad para salir del funcionamiento automático

El encuentro con el propio OOL como tercer aprendizaje compartido –hablando desde la experiencia personal y desde la de otros que confiaron en mi habilidad como coach ontológico– suele ser un evento sumamente poderoso. Tal vez el más poderoso vivido jamás, ya que se presenta como esclarecedor confiriendo un nuevo sentido a la historia personal de cualquier decisor.

Dado que este proceso no suele ser ni remotamente rápido, a partir del momento en que el proceso permite encontrar un primer atisbo del particular OOL y el individuo realiza los primeros aprendizajes, ambas maneras de interpretar y apreciar –la antigua y la nueva– comienzan a coexistir. Una hecha carne y la otra muy valiosa y liberadora pero aún carente de fuerza para convertirse en la respuesta espontánea. Sin embargo, le ofrecerá la habilidad para mantenerse atenta/o a distinguir aquellas situaciones en las que está operando en automático, y en el momento, podrá elegir deliberadamente una nueva conducta.

Las habilidades del nuevo DE descriptas hasta aquí se producen en un nivel profundo del OOL, en ese nivel donde tiene lugar el proceso interpretativo y donde su biología trabaja lingüística, emocional y corporalmente. Se trata de un aprendizaje transformacional. Ellas lo habilitarán para hacer decisiones ecosistémicas porque lo ubicarán en un lugar donde el respeto es posible.

No obstante, las viejas formas de interacción aún seguirán intactas en su memoria, y el uso que hace del lenguaje también. Recordando lo propuesto en el capítulo tres, el lenguaje trajo al decisor hasta este presente y debería servir de ayuda para salir de él, por eso existen otros aprendizajes específicos de este dominio de acción que el OOL decisor necesita desarrollar a fin de alinear su nueva mirada ecosistémica con su manera de interactuar.

La OL propone a estos fines una serie de "competencias conversacionales" que no son finalidad de este trabajo desarrollar; Rafael Echeverría escribió el libro *Ontología del Lenguaje* en el cual son presentadas en detalle. Sin embargo, y con la intención de no dejar incompleto este apartado, seguidamente se dedicarán unos párrafos a los "actos lingüísticos" considerando que se trata de una competencia básica de la interacción. A los fines de este trabajo, competencias conversacionales, habilidades Onto-Lingüísticas u Onto-Habilidades® son sinónimos.

Habilidad para usar los actos lingüísticos

Teniendo en cuenta que toda decisión, en tanto proceso que da por resultado una elección, un juicio o una manifestación, se realiza en el dominio del lenguaje y requiere del habla (con uno mismo y/o con otros) ella implicará diferentes actos lingüísticos. Revisarlos podrá parecer para algunos una vuelta al jardín de infantes y, posiblemente, como le sucedió a esta autora al iniciar años atrás su entrenamiento, no se le dispense la atención que ellos requieren ni se le conceda la importancia que tienen. Sin embargo, a varios años vista, puedo decirles que dichos actos constituyen la piedra fundamental del habla en la interacción.

La OL incorpora los actos lingüísticos dentro de su cuerpo de distinciones. Los toma y complementa a partir de los llamados "actos del lenguaje" propuestos por John L. Austin en una obra póstuma de 1962 *How to Do Things with Words*.

La OL define una serie de actos básicos asociándoles un tipo puntual de compromiso social que tiene lugar al momento de ser ejecutados. Inicialmente los divide en dos grupos. En uno, incluye aquellos actos que se usan para "describir" lo que el individuo puede apreciar en tanto mero observador. En este caso, se dice que "la palabra sigue al mundo". En el otro grupo, quedan contenidos los actos lingüísticos capaces de "generar, crear o modificar la realidad" a partir de lo que expresan; en este caso, se dice que "el mundo sigue a la palabra". En ambos, al hablar de "mundo" se hace referencia a la realidad que el OOL es capaz de observar.

El primer grupo está formado por las "afirmaciones" que coloquialmente también se conocen como "hechos" o "descripciones". Es importante tener en cuenta lo dicho al hablar del principio del observador de la OL, cuando alguien realiza una afirmación solo está describiendo algo que captura con sus sentidos, de ninguna manera esta dando cuenta de una realidad independiente de él.

Como acto lingüístico, toda afirmación implica un compromiso social para quien lo realiza. Por ello, quien afirma o describe algo se compromete a dar garantía de que eso que dice es lo que captura con sus sentidos en ese instante, o lo fue en el pasado. Si alguien dice "está lloviendo", "la temperatura es de 28 grados", "mi coche no arranca", "tus zapatos son negros" o "el profesor es italiano", aunque no lo sepa, se compromete socialmente a aportar evidencia de esto que dice. Si le digo a mi hija que está lloviendo, o bien puedo llevarla afuera para que vea la lluvia o bien puedo buscar el pronóstico del tiempo o un informativo online y mostrarle que ellos atestiguan lo que digo. En cualquiera de los casos, quien hace la afirmación debería estar en condiciones de proveer alguna clase de evidencia. Si mi hija encuentra o alguien aporta evidencia que contradice mi afirmación, entonces ella es falsa; sin embargo, sigue siendo una afirmación.

¿Y por qué hay un compromiso social? Simplemente porque en la interacción social que incluye una afirmación, quien escucha y usa la información que yo le proveo puede estar haciendo decisiones a partir de la veracidad de la afirmación. Si esto sucede y se comprueba que era falsa, entonces es posible ser catalogado de charlatán y quien usó la información (a quien también pudo haberle causado algún daño o perjuicio) podría no querer confiar más en la información que yo le provea. Solo baste con estos ejemplos para mostrar a qué se refiere la OL cuando habla de afirmaciones o hechos.

El segundo grupo está formado por varios actos lingüísticos. Comenzaremos hablando de las "declaraciones" para referirnos a actos que contienen una manifestación del orador con poder para producir una "realidad" inexistente hasta ese momento. Por ejemplo, quien declara "¡voy a ser el mejor de la clase!", "¡nuestra organización estará en el primer puesto de ventas este mes!", "¡a comer!", "¡tenés mi compromiso para lo que haga falta!", "¡sí, quiero!" o "¡mañana comienzo el gimnasio!", aún sin saberlo, estará usando el poder generativo del lenguaje para anunciar un potencial nuevo panorama para sí mismo y para aquellos con los que comparte o a quienes incluye en la declaración. ¿Esto quiere decir que quien declara ya logró lo que declaró? De ninguna manera, se trata de un acto del lenguaje muy poderoso de apertura hacia nuevas posibilidades, pero requiere de acciones posteriores para materializarse.

Como acto lingüístico, tiene su complejidad ya que lleva consigo dos compromisos sociales diferentes; por un lado, asegurar que quien declara tiene autoridad para hacer tal manifestación y por otro, darle cumplimiento. Pero, ¿qué significa tener autoridad? Simplemente que el declarante detenta en su persona la posición con poder apropiado y suficiente para hacerla; cuando esto sucede, entonces se dirá que la declaración es "válida". De lo contrario, es inválida como declaración.

Los ejemplos compartidos más arriba, realizados en primera persona, son – excepto por una– declaraciones válidas, expresadas en virtud de la autoridad que cada OOL decisor detenta sobre sí mismo, primero para decidir y, seguidamente, para disponer de sus recursos a fin de la posterior materialización. La declaración "¡nuestra organización estará en el primer puesto de ventas este mes!" será válida en tanto y en cuanto quien la hace detente, dentro de esa organización, la autoridad para decidir sobre la materia y disponer de los recursos necesarios para llevarla a cabo. Si, por ejemplo, fuera uno de los vendedores de un equipo quien la hace, su declaración será similar a una expresión de deseo, pero no tendrá validez porque, no solo no tiene autoridad formal, sino que, dudosamente, pueda poner en movimiento la maquinaria necesaria para hacerla realidad.

De la misma forma, las declaraciones que se hacen sobre otras personas ya que, mirado desde un punto de vista de ética ecosistémica, nadie podría atribuirse poder sobre otros individuos. Sin embargo, dependiendo del ámbito de acción de que se trate, ciertos OOL decisores poseen un cierto grado de autoridad sobre otros, ya sea en calidad de líderes de equipo, jefes por ejercer un cargo público o cualquier investidura que le hubiera conferido esa autoridad de manera expresa y para tales funciones. Por ejemplo en el ámbito laboral, cuando un jefe realiza declaraciones o hace decisiones que involucran a los colaboradores bajo su autoridad; o en el entorno familiar cuando los padres deciden por sus hijos menores de edad. Otro ejemplo bien conocido se da en el ámbito deportivo, en el cual los jueces o *referees* son los únicos que pueden declarar una mala jugada o una anotación de gol. Si usted o yo mirando un partido declaramos una de esas jugadas o un gol no reconocido por los árbitros con autoridad, nuestra declaración no tiene ninguna validez, y aunque nadie nos impedirá hacerla, ella no cambiará en nada el marcador o la jugada. Otro buen ejemplo se da en el ámbito judicial; el único que puede declarar "culpable" o "inocente" y hacer cumplir la condena de prisión o la libertad consecuentes, es el juez.

Entonces, siendo válidas las declaraciones y, por lo tanto, contando con el poder de movilizar los recursos, luego surge el segundo compromiso social: hacerla realidad. ¿Y por qué es un compromiso si muchas declaraciones las hacemos hacia nosotros mismos? ¿A quién le importa si soy el mejor de la clase o empiezo el gimnasio o quiero convertirme en profesional o termino de escribir mi libro? Posiblemente a nadie más que a mí, pero aquellos que me habrán escuchado estarán juzgando la "sinceridad o consistencia" de mi accionar; juzgarán si lo que dije es consistente con lo que hago y eso también tiene impacto en la confianza que me dispensarán para futuras interacciones que los involucre.

Un tercer tipo de acto lingüístico y al mismo tiempo una declaración, son los juicios; en ellos se declara el resultado de una evaluación en forma de opinión o veredicto. Ellos también forman parte del grupo para el cual "el mundo sigue a la palabra" dejando abierto el potencial de crear una realidad inexistente previamente. En tanto declaraciones, los juicios son inválidos cuando se hacen sin la autoridad necesaria. Por ejemplo, si digo "la clase que hoy di, se hizo muy extensa" es un juicio y también una declaración válida teniendo en cuenta que soy la profesora que la dicta. Pero, si estoy hablando con alguien y le digo: "Diego, sos impuntual", a menos que yo sea el jefe de Diego y le esté dando una opinión en el contexto en el que soy autoridad (el trabajo), como declaración es completamente inválida.

Lo dicho sobre el funcionamiento del cerebro y su neuroplasticidad tiene, al hablar de juicios, una relevancia primordial si se recuerda que las funciones de asociación o correlación, compatibilidad, memoria y atención, usan aprendizajes ya realizados. Si, volviendo a la experiencia con Diego, cada vez que se lo cita a una reunión de trabajo llega tarde y eso demora una decisión o una exposición o tiene como consecuencia una mala evaluación de parte de un jefe o un cliente, emociones y biología de por medio, posiblemente la impuntualidad de Diego se convierta en un heurístico o juicio automático. Recuérdese que el cerebro necesita "predecir" constantemente en pos de la supervivencia física o social; el juicio es la herramienta que le permite tal anticipación. Por eso, haber calificado como impuntual a Diego me permitirá anticipar resultados indeseados por la vía de delegar en otra persona la responsabilidad de algunas tareas que requieran puntualidad.

Otro aspecto relevante acerca de los juicios, que los diferencia de las declaraciones, es su calidad de veredicto resultante del proceso decisorio, el cual requiere haber realizado previamente un aprendizaje adicional que será usado a fin de hacer la calificación. Ese aprendizaje previo es el estándar o medida con el cual se juzga la situación. Si digo que mi clase fue muy "extensa" seguramente habré aprendido con anterioridad "la medida" de tiempo que me permite calificarla de esa forma. Sieguendo con el caso de Diego, yo debería haber aprendido cuál es la cantidad de tiempo que configura la impuntualidad. Estos estándares suelen ser establecidos dentro de diferentes dominios de acción, ya sea laboral, profesional, familiar o ecosistémicos; podrían haberse definido formalmente, pero también suelen ser informales y derivados de usos y costumbres culturales.

Fundamentando juicios

Finalmente, quien hace un juicio o da una opinión se compromete socialmente a dar fundamento de su veredicto. Desde el punto de vista de la OL, hay varios elementos que hacen al juicio fundado o infundado, cinco factores que todo juicio necesita observar si quiere ofrecerse con fundamento. Por un lado, el ámbito de acción en el cual se hace el juicio será el primer factor a revisar; decir que "Diego es impuntual" no indica el ámbito y lo convierte en una generalización a toda la vida de Diego. Las generalizaciones suelen ser mayormente juicios infundados.

Por otro lado, hablar de impuntualidad obliga a caer en la propia definición del término o, como se dijo, en el estándar. Como Wittgenstein sostuvo, las palabras tienen un sentido según el contexto en el cual se digan[5], a lo cual quisiera agregar que su significado también depende en mucho de quién las diga. En un ámbito laboral, empresarial, profesional o judicial es posible que debamos ceñirnos a un significado estricto de la puntualidad; entonces si la reunión es a las 11, llegar puntual significará llegar a las 11 en punto, salvo que se indique alguna tolerancia. En cambio, si el ámbito de la reunión es familiar, amistoso o menos formal, tal vez la puntualidad incluya cierta flexibilidad "implícita". Por eso, la flexibilidad o rigidez de la tolerancia dependerá de quien haga el juicio de impuntualidad; personas más rígidas o metafísicas suelen hacer juicios más severos y viceversa.

Entonces, el contexto/ámbito de acción y el tipo de OOL decisor que hace el juicio definirán un determinado estándar o vara que el cerebro usará para medir la puntualidad del evento. Como se dijo en líneas anteriores, muchos estándares son establecidos culturalmente producto de la interacción social, y esto hace que el estándar se dé por sobre entendido bajo el paraguas del "sentido común". Este aspecto metafísico derivado de la cultura suele entenderse único para todos los OOL decisores, y esto no siempre es así. Entonces, si al hacer el juicio sobre la impuntualidad de Diego, no fue definido y comunicado el estándar que se espera él respete en el ámbito que corresponda, el juicio podría quedar infundado.

El tercer y cuarto factor que los juicios necesitan observar para considerarse fundados, se refieren a aportar evidencia sobre la impuntualidad de Diego en el ámbito en el que es juzgado. Evidencia sería proveer las "afirmaciones" ya estudiadas capaces de mostrar la llegada impuntual. Por ejemplo, el detalle de llegadas pasada la hora establecida para la reunión que lleva en su memoria quien hace el juicio, o un registro formal e independiente por un tercero que muestre sus llegadas tarde (previa definición de la tolerancia, si la hubiera). Es interesante destacar que, si bien podemos usar las evidencias aportadas por un tercero, deben tratarse de hechos y no de nuevos juicios realizados por ellos. La búsqueda de

---

[5] Withrington, E. (1996). *Ludwig Wittgenstein y los cimientos del lenguaje.* Pág. 106 Revista PSI. Original en: https://revistas.psi.unc.edu.ar/index.php/NOMBRES/article/viewFile/2094/1083

evidencia se realiza tanto a fin de apoyar el juicio –es decir tantos eventos contrastables como sea posible– como de eventos contarios que sean capaces de derribar el juicio realizado. Claro está que, si encontramos más evidencia de la puntualidad de Diego que de su impuntualidad en el mismo ámbito, nuestro juicio es a todas luces infundado.

El último paso del proceso necesario para fundamentar un juicio, a criterio personal el más importante, tiene que ver con indagar qué aprendizaje ofrece para los involucrados – juzgado y juzgador– hacer el veredicto. Si, luego de los cuatro pasos anteriores, el juicio resultó fundado, la pregunta sería ¿cuál es el propósito de presentar al juzgado las evidencias del juicio? ¿Qué aprendizaje podría realizar ese individuo a partir de ese momento? ¿Qué aprendizaje surge para quien lo realiza? ¿Cómo realizarlo va a permitir mejorar la interacción entre ambos? Cuando las respuestas son claras en cuanto a potencial aprendizaje, lo que suele suceder es el diseño y posterior ejecución de una conversación donde la interacción y coordinación de acciones se verá favorecida. Sin embargo, a veces, a pesar de la falta de fundamento, el OOL decisor insiste en mantener el juicio. Si esto sucede, se pueden plantear algunas preguntas orientadas a encontrar qué hay detrás de la insistencia. ¿Qué quiere que pase? ¿Qué quiere lograr sosteniendo el juicio? ¿Qué emocionalidades lo atan a él? Estas preguntas ya no miran al juzgado sino al juzgador, para sumergirlo en su propio OOL donde, tal vez, aún llore por la herida. Si así fuera, la herida lo estaría anclando al juicio y le estaría mostrando, además, el aprendizaje pendiente.

El proceso de fundamentación de juicios se sugiere con la intención de que el lenguaje del OOL decisor y las acciones consecuentes sean poderosas en términos de interacciones productivas y relaciones sólidas, sea cual sea el ámbito de acción. Teniendo en cuenta que el cerebro necesita del juicio para anticipar resultados, fundamentar cada nuevo juicio que hace el decisor y reevaluar la gran dotación que ya posee en la memoria, puede ayudar a eliminar muchos juicios automáticos que suelen resultar en anticipaciones sesgadas.

Juicios vs. afirmaciones

Se dijo que toda interacción en el lenguaje lleva un compromiso social derivado del acto lingüístico que se usa, por ello no es lo mismo hacer afirmaciones que hacer juicios. Si digo "Diego llegó a la reunión a las

11:15" no es lo mismo que decir "Diego es impuntual cuando hay reuniones de trabajo" o decir "Diego llegó tarde a la reunión de trabajo de las 11 horas". La primera de las sentencias entre comillas es una afirmación, cualquiera puede validar mirando su reloj la hora en la que Diego se hizo presente. La segunda y la tercera de las sentencias son juicios, ya que son veredictos productos de una evaluación de su actuar en un dominio.

Un grave problema de la metafísica en muchos OOL decisores es llevarlos a confundir juicios con afirmaciones. Recuérdese que para un individuo que opera de manera automática en esa perspectiva, el cuerpo de valores o paradigmas (inventados por diferentes grupos, tribus o facciones) en el que se desenvuelve por elección o aprendizaje ecosistémico, es entendido como la "verdad única"; desde la mirada de la OL ellos son simplemente juicios. Entonces si alguien dice: "Diego es impuntual" y el contexto particular de acción sostiene valores de puntualidad devenidos en verdades absolutas, esa sentencia es transformada en una afirmación que se mide como verdadera o falsa ya que se entiende que hay muchas personas que observan lo mismo y pueden dar evidencia. Desde la OL, esas personas solo evalúan igual por compartir el mismo estándar y no porque la impuntualidad de Diego sea una cualidad de su persona. Confundir hechos con juicios suele convertirse en una fuente de intolerancia en la interacción entre decisores, y con ello, relaciones que no prosperan. Sobre esta consecuencia pervasiva de la metafísica hay ejemplos ecosistémicos por miles, que no es propósito de este capítulo abordar.

Los tres actos lingüísticos básicos compartidos aquí no son los únicos y sugiero fuertemente al lector interesado a que profundice detalles de lo ya brindado y explore los adicionales en el libro *Ontología del Lenguaje*. Aprender a experimentar el lenguaje y la convivencia desde este pilar fundamental tiene un poder demoledor frente a las vaguedades, las fantasías y el llamado sentido común, aportándole al cerebro un aprendizaje que favorece la interacción social. Adicionalmente, le proveerá información menos viciada, consistente y basada en experiencia contrastable que ayudará a corregir sesgos y crear nuevos heurísticos, aquellos capaces de producir decisiones ecosistémicas.

Capítulo 5

¿Qué es el riesgo?

Luego de cuatro capítulos que quisieron mostrar que es posible una interpretación diferente del decisor y de la decisión a través de una mirada que promueve elecciones capaces de sostener el ecosistema como un todo y no solo ocuparse del logro de los objetivos de individuos u organizaciones particulares, mucho de lo conocido por esta autora en relación al riesgo y a la tradicional manera de gestionarlo parece haber perdido sentido. Por ello, la tarea de este nuevo capítulo será reinterpretar algunos aspectos ecosistémicamente y preparar el camino para presentar la Gestión de Riesgos Ecosistémica o GRES.

5.1 A decisiones lineales, riesgos lineales

Una antigua definición, muy utilizada por las organizaciones y consultoras de primer nivel, decía que el riesgo era "el impacto y la probabilidad de que una amenaza pueda afectar adversamente la capacidad de una organización para alcanzar sus objetivos y estrategias de negocio"[1]. Una primera interpretación diría que el riesgo es presentado con un contenido y signo negativos, dados por poner énfasis en la "amenaza" y mirar solo el lado adverso o desfavorable de los impactos sobre el logro de objetivos y resultados deseados. Tal como dijimos a lo largo de este trabajo, la manera particular de interpretar habla de un tipo particular de OOL, cuyas decisiones y acciones consecuentes serán su reflejo; en este caso, el OOL decisor posiblemente solo busque gestionar aquello que reúna tal condición.

Un poco más tarde en el tiempo, la definición de riesgo cambió para expresar que "es el potencial de pérdida o daño –o una disminución en

---

[1] Deloitte (2006-2013). *The Risk Intelligent Enterprise*. ERM Done Rigth. Whitepaper. White paper original en https://www2.deloitte.com/content/dam/Deloitte/global/Documents/Governance-Risk-Compliance/dttl-grc-riskintelligent-erm-doneright.pdf.

la oportunidad de ganar– que puede afectar adversamente el logro de los objetivos de una organización"[2]. En este caso, la nueva definición modifica dos cuestiones interesantes; por un lado, ya no solo considera las potenciales pérdidas, sino que incluye potenciales menores oportunidades de ganar. Este cambio de enfoque parece consistente con los objetivos que suelen tener las organizaciones –dentro de los actuales paradigmas culturales– que no solo refieren a cuidar lo que ya lograron sino a crear valor y crecer. Por otro lado, el mismo cambio de enfoque hizo necesario prescindir de hablar y calificar la causa de la potencial pérdida o menor ganancia –que en la anterior definición era la amenaza. No obstante tal modificación, la connotación del riesgo continúa siendo negativa teniendo en cuenta que sigue refiriendo al efecto adverso sobre los objetivos.

Las definiciones presentadas parecen sugerir, parafraseando la perspectiva de Senge, que ellas están mirando solo una parte de la ecuación. A fin de ilustrar esta observación, pongamos algunos ejemplos.

Una situación que suele verse bastante a menudo en el ámbito universitario se produce cuando el estudiante se propone obtener su título en la menor cantidad de tiempo posible, supóngase cinco años. Gestionar los riesgos de que esto no suceda –siguiendo la segunda definición compartida equivaldría a gestionar el "potencial de daño" al objetivo planteado– implicaría, primero que nada, encontrar los posibles causantes, hacer la evaluación necesaria y luego crear planes de acción acordes a tratar aquellos que surgieron relevantes. Suponiendo que lo hizo –lo cual suele ser muy poco frecuente– a continuación el plan que se plantea podría incluir todos o algunos de los ejemplos siguientes: elaborar una agenda bien detallada a los efectos de organizarse adecuadamente cada año, inscribirse en la mayor cantidad de materias posible, trabajar la cantidad estricta y necesaria de horas para las que fue contratado/a, hacer una vida social bien acotada restringiendo al máximo los encuentros familiares y amistosos y, por supuesto, dedicarle al estudio una cantidad considerable de horas.

Este podría ser un ejemplo de lo que haría básicamente un/a estudiante –OOL decisor lineal– bien intencionado: mirar hacia el objetivo que se planteó y planear sus futuros pasos a fin de gestionar el "potencial

[2] Deloitte (2009). *Putting risk in the comfort zone. Nine principles for building the Risk Intelligent Enterprise* ™. White paper original en: https://www2.deloitte.com/content/dam/Deloitte/global/Documents/Governance-Risk-Compliance/dttl-grc-puttingrisk-inthecomfortzone.pdf

de daño –o una disminución en la oportunidad de lograr– que pudiera afectar adversamente la consecución de su objetivo de recibirse en cinco años". Cualquiera podría preguntarse: ¿qué tiene esto de inadecuado? ¡Parece un buen plan para recibirse en ese tiempo! Posiblemente lo sea si lo único que le interesa al estudiante en la vida es lograr su título universitario. Sin embargo, si además de recibirse quiere conservar y desarrollar sus relaciones familiares, personales y laborales, conservar su trabajo y su bienestar, sin sentirse frustrado o alienado porque su vida se mueve mecánicamente entre una serie de "obligaciones", esta manera de hacer decisiones tiene mucho de inadecuado en términos ecosistémicos.

Para indagar sobre este último juicio y precisar la parte de la ecuación que no fue considerada al hacer la decisión inicial, se podrían realizar preguntas como ¿quiénes son los participantes del ecosistema en el que el estudiante se mueve? ¿Cómo su objetivo de recibirse en cinco años podría afectarlos o impactarlos? ¿Cuáles podrían ser algunas de las consecuencias de esos impactos? ¿Fueron los participantes consultados? Luego, al realizar nuevas decisiones y armar los planes de acción, ¿qué consideraciones realizó acerca de los impactos que cada uno de sus planes podría provocar sobre su ecosistema? ¿Pudo obtener el acuerdo de cada participante implicado cuando fue necesario? ¿De qué forma tomó en cuenta que las acciones planeadas podrían cambiar a partir de decisiones venideras, propias o de otros, tanto laborales como personales?

Estas preguntas dirimen cuestiones "causantes" de situaciones con potencial de entorpecer el objetivo o incluso, sin entorpecerlo, podrían convertirse en daños colaterales o consecuencias indeseadas –nuevos riesgos. Por ejemplo, si el estudiante se negara a trabajar horas extras cuando le son solicitadas, su empleador podría decidir despedirlo por no ser el tipo de trabajador que precisa y ocasionar problemas familiares y económicos. Más aún, otro tipo de inconvenientes podrían surgir por no dedicarle a su familia la atención necesaria.

En el ámbito organizacional, el esquema es parecido al mencionado anteriormente. Supóngase que OOL decisores formando parte del comité de dirección están evaluando abrir una nueva planta de fabricación en un lugar urbano con muchos habitantes. Si bien las regulaciones podrían no impedir dicho asentamiento –los funcionarios públicos también suelen pensar linealmente– un comité conformado por OOL decisores lineales posiblemente tomaría la decisión de instalar la planta solo basado en los aspectos económicos positivos o negativos y en la contribución al crecimiento de la firma, con poca atención en todos aquellos impactos que el proyecto pudiera tener sobre el ecosistema. O peor aún, habiéndolos considerado y evaluado, la decisión aún podría ser llevar adelante el proyecto y gestionar sus riesgos a fin de estar "preparados" para dar respuestas a potenciales demandas judiciales o similares y, obviamente, sin tomar en cuenta la cuestión ética.

Como se mostró en capítulos anteriores, el OOL decisor lineal mira al objetivo y traza su plan dando poca o ninguna consideración y participación a otros integrantes del ecosistema a quienes sus decisiones podrían impactar, o a aquellos de quienes podría depender el *input* para que sus planes tengan éxito. Este OOL decisor lineal hará sus decisiones sin plantearse muchas de las preguntas anteriores ni estar consciente de los impactos. Otras veces, lo hará sin importar las consecuencias. En todos los casos decidirá sin reparar en el factor ético de la decisión. Por ello, decimos que las definiciones de riesgo comentadas solo parecen hacer foco en una parte muy reducida de la historia, interesándose únicamente en los potenciales daños al logro de sus objetivos e ignorando que ellos se producen en un escenario más amplio, compuesto por varios participantes que realizan interacciones ecosistémicas y que detentan distintos grados de responsabilidad e influencia.

En cambio, un DE dedicaría un tiempo considerable al factor ético del proyecto a fin de tener un panorama claro acerca del ecosistema particular, de los potenciales afectados y los impactos y consecuencias que el proyecto podría traer sobre todos –no solo sobre sus objetivos particulares– y dedicarle otra cantidad de tiempo considerable a buscar y ofrecer alternativas, o incluso reevaluar la decisión aún no tomada y recalcular el camino.

Hacer una decisión ecosistémica requiere un esfuerzo que los paradigmas resultadista y de la superproducción, aun embebidos en muchos OOL decisores, no permiten dispensar. Estos paradigmas propician OOL decisores que realizan decisiones lineales y que miran y gestionan sus riesgos también de manera lineal.

5.2 El riesgo en la mirada ecosistémica

En la perspectiva ecosistémica que este trabajo ha compartido, la consideración tradicional del riesgo se presenta insuficiente. Por ello esta autora propone que:

Riesgo es la potencial respuesta de un entorno super-sensible y super-poblado de otros sistemas –o el ecosistema– a las interacciones con el decisor –sean éstas deliberadas o no– que podría modificar su situación particular y su habilidad para lograr los objetivos que en esa situación se propone.

Esta nueva manera de interpretar el riesgo pretende completar ambos lados de la ecuación ecosistémica y será explicada a continuación.

En uno de los lados, el riesgo se presenta como respuesta a un accionar que es condición para que este aparezca. Esto pone en escena al OOL decisor como el protagonista principal y responsable de esa potencial ocurrencia, apuntando hacia su decisión como la causa raíz. Siguiendo las tradicionales perspectivas, el riesgo –y las diferentes resultantes representadas por el impacto adverso, daño, pérdida o disminución de la oportunidad de ganar– da la sensación de tener una existencia independiente del decisor. Parecería que los eventos o situaciones con el potencial de provocarlos existieran previamente, pululando en el universo y, "casualmente", el OOL decisor se encuentra con ellos. Aquí radica la primera diferencia con las antes mencionadas definiciones, ya que antepone la cuota de responsabilidad del decisor en la aparición del riesgo. Desde la perspectiva de este trabajo, se dirá que desde el instante mismo en que el decisor se incorpora a un ecosistema –deliberadamente o no– se convierte en responsable por la interacción que en él realiza y, por ello, responsable por los impactos de sus decisiones y riesgos consecuentes.

Nótese, además, que no necesariamente debe tratarse de una causa inmediata; si se recuerda lo expresado sobre el funcionamiento sistémico y sus pilares, la demora del sistema podría provocar que la causa raíz y el riesgo no aparezcan en el mismo escenario en el cual la decisión fue tomada.

La segunda diferencia que surge de la nueva interpretación, en el mismo lado de la ecuación, es que las interacciones que el decisor realiza –en forma de decisiones y acciones consecuentes– no requieren ser calificadas como voluntarias o deliberadas; como fue oportunamente desarrollado, muchas veces el decisor realiza decisiónes a partir de prácticas culturales o costumbres embebidas en la manera de hacer y pensar vigentes en el ecosistema. Es decir, "la manera cómo funcionan y deben ser las cosas", a las cuales, sin saberlo, cede su poder de elección.

Solo a los efectos de ejemplificar la perspectiva, considérese el existir humano. La decisión de aparecer en el mundo no es una decisión que cada individuo particular haya tomado por sí mismo, alguien diferente la tomó por cada uno; sin embargo, a partir del momento en que la vida queda en manos propias, la decisión de seguir existiendo –aún sin haberla declarado de manera deliberada– la o lo convierte en responsable por ella. Desde esta mirada, esa decisión lo responsabiliza por las potenciales respuestas ecosistémicas a las interacciones que realiza –también deliberadas o no– a partir de su existir. En esta comprensión, su aparición en el mundo –entendida como la primera interacción que todo humano realiza con el ecosistema– trae como respuesta ecosistémica –o riesgo– la posibilidad de morir en cualquier momento. Nótese que el acto de morir no configura un riesgo o respuesta potencial. Aun hoy, la única certeza que posee el ser humano es que se va a morir, el riesgo, en el ejemplo propuesto, sería que ello suceda en cualquier instante.

La segunda parte de la ecuación en la definición ofrecida hace hincapié en el impacto que las respuestas ecosistémicas –o riesgo– podrían tener en el OOL decisor y, al igual que se hizo con la primera parte, prescinde de asignar una connotación positiva o negativa. Sencillamente se remite a mostrar que esas respuestas tienen el potencial de modificar la situación de partida al realizar la decisión, y los objetivos que se hubiera planteado. En esta interpretación, el riesgo no tiene signo o calificación, y esta es la tercera diferencia con la mirada tradicional.

Como sugiere Lorenzo Preve[3], desde un punto de vista estadístico, el riesgo se mide a partir de la varianza, la cual se formula como el cuadrado del desvío estándar del valor esperado. Dicha formulación tampoco reconoce o atribuye un signo o efecto que pueda calificarse, a priori, como positivo o negativo.

A fin de avanzar con esta nueva y, posiblemente para algunos, desafiante perspectiva acerca del riesgo, invito a los lectores a desprenderse de dos supuestos. Por un lado, la idea de que el riesgo existe con independencia de quien lo aprecia. Por otro lado, la idea que conecta al riesgo con el

---

[3] Preve, L. (2014). Risk & Uncertainty Management. La gestión de riesgo en el planeamiento estratégico. 10.06.2014. Original en http://lorenzopreve.com/la-gestion-de-riesgo-en-el-planeamiento-estrategico/.

tiempo lineal y la incertidumbre acerca del futuro. A continuación, serán presentados dos aspectos que intentan abordar la propuesta.

El riesgo habita en el OOL decisor

Como se dijo en oportunidad de presentar la OL, el ser humano es considerado un mero observador de aquello que su biología le permite apreciar. Dicha observación sensorial, inicialmente limpia, enseguida llega a la corteza cerebral donde se produce la interpretación, comprensión y transformación de la información recibida, en los distintos significados que es capaz de conferirle a través de distintas redes neuronales ya existentes. También se dijo que muchas de estas redes de neuronas representan aprendizajes culturales ya realizados – los distintos paradigmas vigentes y muchos otros aprendizajes incorporados a largo de su historia; al activarse dichas redes, también se activa su manera de dar sentido y apreciar las cosas. Todo ello permitió sostener que habría tantos OOL decisores como individuos en el mundo.

Es esta condición de mero observador del decisor la que permite proponer que el riesgo no existe con independencia de quien lo aprecia sino que habita en el OOL decisor, en tanto es quien confiere sentido a lo que observa. Y esto no suele ser difícil de validar toda vez que, frente a los mismos acontecimientos o situaciones, diferentes OOL pueden juzgarse –o no– a sí mismos frente a un riesgo, calificando su exposición de manera completamente distinta.

Por ello, desde la perspectiva de este trabajo, el "riesgo" como potencial respuesta ecosistémica será un juicio que hace el OOL decisor – un simple calificativo– acerca de su situación particular frente a un escenario y no una "afirmación" o un hecho independiente a si mismo y objetivo para todo observador.

En un nivel más profundo, "riesgo" será el producto de su interpretación acerca de cómo encaja su existencia dentro una experiencia puntual en el mundo; será un juicio acerca de su permanencia en un espacio experiencial dado. Dicho juicio no sería posible si el OOL decisor no detentara una existencia en un ecosistema; es esta presencia la que, justamente, lo expone y responsabiliza por las potenciales respuestas.

Al hablar de riesgo no es necesario hablar de tiempo

Suele pensarse el riesgo en conexión a la incertidumbre acerca del futuro. Sin embargo, ningún OOL decisor en tanto mero observador es capaz de capturar con sus sentidos dicho "futuro" o "el tiempo" como dimensión independiente y existente "allá afuera". Lo que sí sucede, en cambio, es que puede observar actividades e interacciones que se producen "allá afuera", dentro de su ecosistema o dentro de otros ecosistemas, en las que puede o no participar y hacer un juicio de riesgo acerca de ellas.

Por ejemplo, es posible observar que la acción del sol y la rotación de la tierra sobre sí misma producen lo que se ha denominado el día y la noche; en tal caso, el OOL decisor podrá observar el "movimiento" –la serie de acciones realizadas por cada uno–, o la interacción. A su vez, ese movimiento le permitirá apreciar los cambios continuos que se producen como consecuencia –por ejemplo, los cambios de brillo, luz, sombra– y las diferencias entre un estado inicial y otro estado a continuación, en un fluir casi perpetuo. En toda esta danza, sin embargo, no fue posible observar el tiempo; tal vez solo la sensación de experimentar que algo también cambió dentro suyo, por ejemplo sentir frío, hambre o cansancio. Como dijo hace muchos años el filósofo y físico austríaco Ernst Mach[4] en su intención de refutar la dimensión absoluta de tiempo creada por Newton: "el tiempo es una abstracción a la que llegamos a través del cambio de las cosas". (1919: 224).

Teniendo en cuenta que la evaluación que cada OOL decisor realiza sobre una determinada situación siempre tiene lugar en el momento actual – también llamado presente o ahora de la decisión– se dirá que el riesgo es un juicio realizado a partir de las apreciaciones del OOL decisor en un punto o situación inicial. Si por alguna razón cambiara su perspectiva – resultado de nuevos eventos e información, nuevas necesidades o limitantes– tal vez, su apreciación del riesgo podría ser diferente. En este proceso el paso de los minutos por sí solo no produce ni agrega contenido decisional; lo realmente significativo es generado por las nuevas interacciones e información que motivan el movimiento del OOL decisor hacia una perspectiva distinta.

[4] Mach, E (1919). The Science of Mechanics. A Critical and Historical Account of its Development. Translated from the German by Thomas J. Mccormack. USA: The Open Court Publishing Co.

Permítase brindar un ejemplo bien sencillo: supóngase a un ser humano solo, quieto y cómodamente ubicado en un espacio cualquiera del ecosistema. El riesgo que presentaría su propia existencia en ese espacio podría ser el juicio del OOL decisor acerca de los cambios que pudieran producirse a partir del movimiento de la tierra, el accionar del sol y la interacción de éstos con él –quien se encuentra quieto y cómodo– con posibilidad de impactarlo y cambiar su situación inicial. Recordando que su juicio de riesgo será producto de su interpretación acerca de cómo encaja su existencia en una experiencia puntual o un espacio experiencial dado, el riesgo de permanecer en esa situación inicial sería la evaluación del OOL decisor acerca del impacto que las respuestas ecosistémicas en forma de interacciones entre la tierra y el sol –por ejemplo, potenciales aumentos de la temperatura– podrían tener sobre sí mismo (por ejemplo, generando sed, ardor en la piel, desmayo), cambiando su situación inicial de estar quieto y cómodo en un lugar y su habilidad para lograr el objetivo de mantener dichas condiciones u otros, como sobrevivir.

Pero supóngase ahora que su situación inicial es ligeramente diferente, la temperatura en la que se encuentra es de 5°c y siente frío. El OOL decisor podría realizar una evaluación similar, solo que en este caso las interacciones antes referidas con potencial de elevar la temperatura ambiente podrían ser juzgadas con un impacto distinto en relación a su situación inicial y a su habilidad de lograr su objetivo de sentir menos frío y sobrevivir. En este caso, es posible que su apreciación sobre las potenciales respuestas ecosistémicas incluya cambios favorables a su situación inicial.

En ninguno de los dos ejemplos fue necesario hablar de tiempo para realizar la apreciación. Por ello, se podría postular que el riesgo, como juicio realizado a partir de las interacciones entre decisor y ecosistema, solo se hace en relación a una situación inicial que se desea o no conservar. En estos dos ejemplos, la única interacción que realizó el individuo fue "estar, permanecer, respirar y exponer su cuerpo".

Supóngase ahora que el OOL decisor decide comenzar a moverse e interactuar activamente, agregando "movimiento" a lo que antes había sido su presencia quieta dentro del ecosistema, el cual, para el nuevo ejemplo, también se encuentra poblado. En este escenario, además de observar sus propias interacciones también podrá observar muchos otros movimientos. El riesgo surgiría como el juicio que el OOL decisor realiza acerca de los efectos del conjunto de todas las interacciones, incluyendo las propias, sobre su situación inicial y habilidad para lograr los objetivos que en dicha situación se hubiera planteado.

En ninguno de los ejemplos presentados fue necesario hablar de "tiempo" lineal para hacer el juicio de riesgo, solo fue necesario que el OOL decisor se diera cuenta del propio involucramiento en todo el proceso, a partir de una situación inicial dada y aportada por él. Adicionalmente, fue necesario que visualizara las potenciales interacciones propias y del ecosistema, el movimiento que ellas podrían producir, y que registrara los diferentes estados en los que esas acciones podrían dejarlo. Todo esto se daría siempre en un punto de evaluación o situación inicial.

Siguiendo esta línea de pensamiento se podría decir que la llamada demora del sistema como pilar del pensamiento sistémico, no trata del vacío de minutos, meses, años o milenios que transcurren entre causa raíz y efecto, sino de las complejas interacciones mayormente compensadoras que tienen lugar y que resisten la expresión de la respuesta. Como diría Einstein:

"Para nosotros, físicos convencidos, la diferencia entre pasado y futuro no es más que una ilusión, aunque tenaz".

Incertidumbre

Hablar de riesgo significa hablar de potencial, es decir, de respuestas del ecosistema capaces de producirse aunque nunca se hubieran materializado hasta la actualidad o, tal vez, nunca se fueran a materializar en el ecosistema puntual en que se hace la evaluación.

La perspectiva tradicional solía diferenciar, técnicamente, el riesgo de la incertidumbre sosteniendo que es posible asignar al primero una probabilidad conocida, pero no así a la segunda, la cual refiere simplemente a lo que puede ser fácticamente posible. El diccionario de la RAE define a la incertidumbre como "la falta de certidumbre", y a esta última palabra como "conocimiento seguro y claro de algo" y la "firme adhesión de la mente a algo conocible, sin temor a errar". Reformulando, podría decirse que hay incertidumbre cuando al decisor le falta un conocimiento seguro y claro de algo a lo que su mente pudiera adherirse sin temor a errar. Este conocimiento seguro y claro, en este caso, estaría aportado por la probabilidad.

Sin embargo, el riesgo como todo potencial, aun con probabilidad conocida, podría no materializarse; conocerla no asegura su ocurrencia, más bien parece estar mostrando que el cerebro gana la ilusión de control al contar con información – segura y clara – con posibilidad de permitirle predecir un posible resultado.

Es fácil pensar que si ciertos eventos cuentan con un historial, la probabilidad de que vuelvan a ocurrir será más alta que la de aquellos sin o con poca historia; sin embargo, aceptar esta interpretación requiere asumir que ninguna de las interacciones ecosistémicas que subyace dichas potenciales ocurrencias habrá cambiado, y esto podría sesgar de alguna forma la evaluación. Si, por ejemplo, tomamos el caso de ciertos fenómenos meteorológicos, dudosamente los servicios encargados de predecir huracanes en el Golfo de México vayan a predecir la tormenta y su ferocidad sin haber evaluado – por medio de los satélites y análisis sobre el aire y presión atmosférica– las condiciones climáticas imperantes. Este monitoreo continuado, sumado al monitoreo puntual de otras condiciones ecosistémicas producidas naturalmente o influenciadas por la actividad humana en el ecosistema, servirán de *input* para actualizar la probabilidad y evitar creer que ella es estática.

En el caso de los fenómenos sociales, aún no existen "satélites" que permitan identificar patrones que sirvan para predecir ciertos eventos ecosistémicos, como por ejemplo el COVID-19. Si existieran, no parecen poner a disposición de todo el mundo la información en tiempo real. Posiblemente, mientras la preocupación de muchos siga siendo cuidar y beneficiar a su "tribu" y continúen presos de una ceguera ecosistémica, eventos como pandemias, guerras globales, nuevos focos de pobreza extrema u otros fenómenos que pongan en peligro cualquier especie, continuarán siendo eventos "inciertos".

Si tomamos el caso de una organización, la aparición de un competidor fuera de serie con poder para sacarla del mercado bien podría no tener historial dentro del ecosistema y tampoco una probabilidad conocida y ser calificado según el tradicional concepto de incertidumbre. Sin embargo, si dicha organización quiere permanecer en el mercado, será necesario dar consideración continua a este riesgo estratégico, evaluando la información más actual posible.

El peligro que surge al hacer la diferencia entre riesgo e incertidumbre es que muchos eventos considerados inciertos podrían no evaluarse ni tratarse como parte de un proceso de gestión de riesgos. Por ello, desde la perspectiva ecosistémica de este libro, toda potencial interacción con poder para modificar la situación de partida del OOL decisor que caiga en el campo de lo posible será entendida como riesgo. Luego le serán asociadas otras dimensiones como la probabilidad, el potencial de daño, la vulnerabilidad del decisor o la velocidad de materialización de los impactos los cuales servirán para realizar la evaluación, construir el mapa de riesgos y continuar con el proceso.

Todo lo indagado hasta aquí permite reinterpretar la incertidumbre en su versión ecosistémica como el resultado de las siguientes condiciones: en primer lugar, la condición de OOL de todo decisor –producto de su desarrollo bio-cultural comentado ampliamente en páginas anteriores– la cual opera como un gran heurístico, sin que medie voluntad ni deliberación. En segundo lugar, dicha condición también lo inhabilita para conocer, comprender y evaluar de manera cierta y precisa el universo de posibles interacciones locales y globales, impactos y respuestas ecosistémicas. En tercer lugar, la capacidad de aprendizaje de todo OOL decisor puede convertir en obsoleta información basada en la experiencia ganada y modificar potenciales interacciones con una probabilidad asignada. Finalmente, muchos de esos aprendizajes realizados en el campo de la tecnología y las ciencias –con nuevos descubrimientos y herramientas– imprimen una aceleración al movimiento y al fluir de las interacciones ecosistémicas tanto local como globalmente; nuevamente, su misma condición de OOL encuentra dificultad para seguir tal dinamismo de manera precisa.

De esta forma, también se podría proponer que la incertidumbre no solo habita en el OOL decisor, sino que, además, este sería su causante.

5.3 Dimensiones ecosistémicas del riesgo

El presente capítulo no solo busca reinterpretar el riesgo con un enfoque diferente sino también usar dicho enfoque para resignificar e integrar lo conocido por esta autora en la materia. Con tal propósito, se presentan seguidamente tres dimensiones del riesgo actualmente vigentes dentro del campo de la gestión de riesgos.

Riesgo tradicional

Tal como se mostró al iniciar este capítulo en las dos definiciones exploradas, el riesgo es apreciado con una connotación negativa a partir de hacer foco en el impacto adverso sobre el logro de un determinado resultado. En esta dimensión, a la que llamaremos "riesgo tradicional", se consideran y tratan solo las respuestas ecosistémicas con dicho potencial.

En primer lugar, en esta categoría caerían los llamados peligros o riesgos puros que, por definición, son riesgos que el OOL decisor asume indirectamente y como resultado de otras decisiones, no hay voluntad de toma de riesgo ni beneficio por tomarlo. Por ejemplo, si compra una casa para vivienda o un auto, su objetivo de conservarlos en buenas condiciones podría verse limitado por la ocurrencia de ciertos eventos o situaciones con potencial de averiarlos o destruirlos. A fin de tratar tal potencial, se suelen tomar pólizas de seguro que cubren riesgos como el incendio o la destrucción total o parcial del bien.

Por otro lado, la misma decisión de compra del auto suele ser acompañada por la decisión de conducirlo y, en tal caso, el objetivo de hacerlo de manera segura para sí mismo y para otros integrantes del ecosistema podría verse limitado por errores humanos y negligencias varias. Aunque la pérdida de la vida o de la salud de ser humano no se compara con cualquier daño que pueda sufrir el vehículo, las leyes actualmente exigen tomar pólizas de seguro para cubrir las responsabilidades que los errores y negligencias pudieran ocasionar.

Recordando que el riesgo es *la potencial respuesta de un entorno supersensible y super-poblado de otros sistemas –o el ecosistema– a las interacciones con el decisor –sean éstas deliberadas o no– que podria modificar su situación particular y la habilidad para lograr los objetivos que en esa situación se propone;* diremos que, cuando el objetivo del OOL decisor sea conservar un cierto estado original –manteniendo el *statu quo* de su situación particular– la interpretación que lo llevará al juicio de riesgo incluirá la consideración de posibles respuestas ecosistémicas juzgadas como "amenazas", con connotación y signo negativos, si el potencial nuevo estado de las cosas lo deja en un lugar diferente y no deseado.

En segundo lugar, y adicionalmente a las amenazas, también serán considerados parte de la misma versión del riesgo tradicional aquellos que puedan limitar los objetivos de creación de valor que muchos OOL decisores persiguen, tanto individual como organizacionalmente. En este caso y a la luz de la perspectiva ecosistémica nos referiremos a riesgos derivados de decisiones –lineales o no– deliberadamente realizadas con el fin de lograr un cambio en la situación inicial del OOL decisor.

Podría ejemplificarse con un sinnúmero de decisiones tales como: estudiar una carrera universitaria o artística, casarse y formar una familia, emprender un negocio o empresa, crear una nueva unidad de negocio o lanzar un nuevo producto, emprender un nuevo proyecto familiar, ahorrar o sacar un crédito para comprar una casa o un auto, establecerse y vivir en el extranjero, etc. Si bien las finalidades detrás de estas decisiones podrían ser diferentes según el OOL decisor de que se trate, el hilo que las une parece mostrar la intención de modificar su *statu quo* particular. En ellas también parece visualizarse la decisión de "inversión" de recursos propios que el OOL decisor estaría realizando, llámese dinero, atención y el empleo de todas sus habilidades como gestor y líder de aquello que emprende.

Cuando el objetivo de la inversión es principalmente monetario, usualmente llamadas decisiones especulativas, si bien la intención es cambiar la situación para ganar dinero adicional, quien las hace tiene claro que el resultado de esta especulación podría ser pérdida, ganancia o mantener en el *statu quo* inicial. Aun cuando el OOL decisor quiere lograr mejorar su posición original, suele tener poca o ninguna forma de influenciar las interacciones y fuerzas operando en el ecosistema específico. En este caso, opera su incertidumbre ecosistémica ya desarrollada, la cual le impide determinar el signo del resultado. Quien invierte en valores bursátiles puede hacerlo en un momento que entiende es "favorable" y en el muy corto plazo predecir el resultado; sin embargo, su inhabilidad frente a las dinámicas interacciones en juego –locales y globales– limitan la posibilidad de que pueda anticipar un resultado en plazos mayores.

En el caso de un OOL decisor que invierte en emprender una empresa, crear una nueva unidad de negocio dentro de una ya existente o lanzar un nuevo producto, su poder de influencia es grande en relación a la forma en como invierte sus recursos –dinero, atención y habilidades; pudo haber realizado un concienzudo trabajo de *marketing* para conocer a su potencial cliente, sus necesidades y valores de satisfacción, y haber gestionado los riesgos estratégicos de tales proyectos, pero, aun así, no influencia ni conoce todas las interacciones y fuerzas que tienen lugar en el ecosistema local y global en que esos objetivos se materializarán y, por ello, tampoco podría predecir un resultado.

En los otros ejemplos ofrecidos, en los que la decisión no persigue un ánimo especulativo y entonces el ganar dinero deja de ser un objetivo relevante, adquieren importancia otros factores y propósitos que le ofrecen al OOL decisor, además, un cierto poder para ejercer influencia sobre las interacciones y fuerzas operando dentro de su ecosistema. Según use y desarrolle sus habilidades personales, podrá realizar nuevas decisiones y acciones ecosistémicas con potencial de modificar el estado de las cosas para crear el tipo de valor que busca y cambiar su situación inicial. Suponiendo que el OOL decisor quiera residir en el extranjero para estudiar y/o trabajar, al momento de hacer la decisión podría juzgar ciertas respuestas ecosistémicas con un potencial limitante; por ejemplo, podría pensar que su familia –pareja e hijos– no quieran sumarse al proyecto. Esta sería una potencial respuesta a su decisión de cambiar su situación particular de vivir en el país X para ir a vivir al país Z. A menos que quiera separarse de su familia, raramente tomará la decisión de manera lineal. Por ello, usará todas sus habilidades para lograr el apoyo de sus seres queridos; dedicará buena parte de su atención a mostrarles el valor que ve en hacer el cambio, realizará muchas conversaciones para escuchar las diferentes preocupaciones y miradas acerca de la propuesta. En la medida que hubiera aprendido un cierto respeto ecosistémico y algunas Onto-Habilidades®, podría lograr influir a favor de lo que quiere lograr y, tal vez, anticipar un resultado. Si su familia encuentra respuesta a cada una de sus inquietudes, es posible que adhieran al proyecto personal y este se transforme en un proyecto familiar.

Riesgo de Oportunidad

Sumada a la dimensión antes tratada, el riesgo puede ser apreciado dentro de un contexto distinto. Por un camino paralelo y simultáneo a las interacciones del decisor con el ecosistema, otras interacciones entre diferentes participantes tienen lugar de manera independiente –recuérdese que se trata de un ecosistema super-sensible y super-poblado–. Los potenciales impactos y respuestas ecosistémicas de dichas interacciones podrían propiciar "cambios de estado" para el OOL decisor y otros en similares condiciones, ofreciendo oportunidades para pasar de un estado original dado a otro más beneficioso –u oportunidades de crear valor– sin que se lo hubiera propuesto particularmente.

Si se tratara de un OOL decisor con perfil de riesgo conservador, posiblemente dicha situación hipotética no ofrecería ningún atractivo e incluso concedería a la misma una connotación negativa; de similar forma, sucedería en el caso de otros decisores para quienes la situación planteada les fuera indiferente. Pero suponiendo que el OOL decisor busca pasar a un estado más beneficioso, dichas potenciales circunstancias podrían ser juzgadas positivas y dar lugar al planteo de una pregunta: ¿estaría en condiciones de aprovechar la oportunidad? Este interrogante quiere responder a una potencial respuesta ecosistémica que la nueva decisión podría producir, el riesgo de no poder atender la oportunidad. Sería posible que la situación inicial del OOL decisor –al momento de plantearse la pregunta– y producto de sus interacciones históricas con el ecosistema, no lo habilitaran para hacerse cargo del desafío. En esta dimensión, hablaremos de "riesgo de oportunidad".

Dentro del ámbito organizacional, un posible escenario para ejemplificar suele darse cuando un OOL decisor y competidor dentro de un segmento de mercado se retira dejando vacante la cobertura de su porción de la oferta; esta potencial respuesta ecosistémica podría estar ofreciendo a otro competidor una oportunidad de cambiar su estado actual de utilidades y posicionamiento en el mercado por otro más beneficioso, a través de la provisión de los bienes o servicios faltantes. Sin embargo, si al momento de evaluar dicha oportunidad no contara con suficiente capacidad instalada para ocupar este lugar, o no dispusiera de la tecnología y otros recursos necesarios para crearla y aumentar la producción, seguramente no estará en condiciones de aprovecharla. Por ello, la gestión de riesgos ofrece la posibilidad de plantear escenarios en los cuales pone al OOL decisor en situaciones que desafían su habilidad frente al riesgo de oportunidad. En la práctica, ni este ni su organización sufrirán pérdidas, disminuirán sus utilidades habituales o serán impactados sus planes o el estado de su ejecución, pero perderán oportunidad de crecer.

Es importante destacar que, aunque se hable de oportunidad como si fuera un sustantivo, en realidad se está haciendo referencia al juicio de oportunidad que realiza el OOL decisor cuando interpreta y evalúa una determinada situación en relación a sus propios objetivos y situación inicial. No todo espacio vacante en el mercado es juzgado de esta forma por todos los OOL decisores. Por ello, seguimos sosteniendo que el riesgo no tiene signo, cada uno se lo atribuye basado en su manera particular de apreciar su situación inicial.

Uso del Riesgo

Actualmente, la gestión de riesgos está considerando no solamente tratar potenciales respuestas ecosistémicas, sino también usarlas, una vez materializadas y luego de haber impactado al OOL decisor y la organización, a fin de lograr un estado más beneficioso o salir de uno indeseado como consecuencia de un modelo de negocio ineficaz. En tal caso, una evaluación exhaustiva de la causa raíz de la respuesta ecosistémica y del impacto que tuvo ayudaría a identificar qué decisiones los produjeron y qué otras respuestas ecosistémicas o riesgos no fueron adecuada y oportunamente identificados, evaluados y tratados. Esto abriría las puertas para un aprendizaje profundo, y tal vez la realización de ajustes –muchas veces dramáticos– al modelo de negocio.

Para ejemplificar la teoría, se tomará prestado un caso muy interesante de una empresa israelí[5]. Esta organización, dedicada a la fabricación de equipos de riego, con clientes agricultores en las zonas menos desarrolladas del mundo, lanzó un nuevo producto, tecnológicamente de avanzada y completamente nuevo en el mercado. La empresa confiaba en que la innovación realizada incrementaría notablemente el rendimiento del cultivo y esas eran también sus expectativas de venta; sin embargo, los primeros esfuerzos no dieron resultados y no lograron vender un solo equipo.

Luego de analizar la situación, la empresa pudo darse cuenta de que dos riesgos fundamentales a la hora de gestionar una innovación, no habían sido considerados. Por un lado, el "riesgo de información": al tratarse de un producto completamente nuevo en el mercado, el público objetivo no disponía de información acerca de experiencias de otros consumidores, ni tampoco de testeos independientes realizados por terceros avalando el funcionamiento y el rendimiento prometidos. En este contexto el potencial cliente debía asumir el 100% del riesgo de invertir en el producto, solo con base en una promesa. Por otro lado, la empresa no había tenido en cuenta el llamado "riesgo de alineación" entre oferta y demanda, al momento de formular el modelo de negocio con el cual ofrecería su producto; para

[5] Girotra, K. (2014). *Reinventing Business Models Through Risk Management*. 1 noviembre 2014. Original en: http://www.rmmagazine.com/2014/11/01/reinventing-business-models-through-risk-management/

la compañía, el valor de su oferta estaba en el precio de la tecnología de riego de su maquinaria, en cambio, para el cliente lo valioso de hacer la inversión radicaba en el aumento de la productividad que su campo de cultivo obtuviera.

La situación cambió para la empresa cuando decidió hacerse cargo y tomar para sí ambos riesgos –información y alineación– e innovar nuevamente, esta vez transformando su modelo de negocio. Ya no vendería tecnología de riego, sino que vendería servicios de mejora de productividad de campos de cultivo, dejando su equipo en cada campo y cobrando en base a la productividad. Este nuevo modelo ofreció seguridad a los clientes frente al riesgo que una nueva tecnología les proponía.

La moraleja de este y otros casos similares fue que el éxito de la compañía no residió en reducir costos o en aumentar los ingresos, sino en gestionar adecuadamente los riesgos de un modelo de negocio obsoleto o no alineado a la demanda. Esta dimensión del riesgo será llamada a los fines de este trabajo "uso del riesgo".

Muchas organizaciones gestionan sus riesgos de manera lineal, solo mirando con anteojeras hacia el objetivo que tienen en mente y, a menudo, a posteriori de haber tomado la decisión de lanzar un nuevo producto. La incertidumbre ecosistémica que produce la heurísitca del OOL decisor puede llevar al fracaso, incluso proyectos evaluados de manera ecosistémica desde la misma concepción de la idea. Por ello y dado que nadie parece estar exento, adquirir la habilidad para transformar la experiencia en aprendizaje a través de evaluar los riesgos no gestionados oportunamente y de recalcular el camino es una opción con muchas posibilidades de éxito. Nuevamente, la única condición para realizar este aprendizaje es poder apreciar la situación como una oportunidad, y esto depende enteramente del OOL decisor.

5.3 Factores de riesgo

Típicamente, se identifica como factor de riesgo a ciertas "variables" o eventos que escapan del control del OOL decisor, de sus impactos y consecuencias. A la luz de la mirada ecosistémica diremos que no es necesario hacer tal distinción teniendo en cuenta que forman parte de lo que hemos definido como riesgo, es decir del conjunto de respuestas del ecosistema producto de potenciales interacciones sobre las cuales el

OOL decisor, en tanto participante, no opera con posibilidad de influir para cambiar, impedir o acelerar su ocurrencia.

¿Y por qué hacer esta distinción es importante? Tal como se mostró en otro capítulo de este libro, el lenguaje es generador de realidades, y la forma en la cual el OOL decisor expresa su "estar en el mundo" puede modificar completamente la experiencia que de este haga.

Para empezar, recordemos que todavía el OOL decisor vive inmerso dentro de los paradigmas vigentes y que por ello opera en el supuesto de ser un elemento especial dentro del ecosistema y no un participante más; este uso lineal del lenguaje habría creado una "realidad" que parece conferirle atribuciones también especiales para disponer, hacer y deshacer. Si posteriormente se le dice que hay variables que no controla, se estaría creando una nueva realidad donde el panorama es otro, uno tal vez sombrío, de impotencia y a merced de esas variables. En este caso, se habrá usado el lenguaje para contradecir lo que sus paradigmas culturales vienen enseñándole desde siempre y creando quizás un estado de resignación frente a la experiencia.

En la perspectiva ecosistémica, cuando el OOL decisor comienza a hablar de sí mismo como integrante de un ecosistema del cual elige seguir formando parte, el panorama parece cambiar, y ahora hay claridad acerca de su papel dentro del mismo, de sus responsabilidades por dicha participación y de su esfera de influencia. Al mismo tiempo queda abierta la posibilidad de que el OOL decisor pueda encarar nuevos aprendizajes e interacciones a fin de aumentar su potencial de influencia. El lenguaje usado de esta forma suele funcionar como liberador de muchísima energía desperdiciada en críticas y quejas que son totalmente válidas y dignas de una mesa de café entre amigas y amigos, o de un debate político, pero inútiles para dirimir nuevas decisiones y acciones, necesarias para lidiar satisfactoriamente con ciertas respuestas ecosistémicas que requieren atención permanente y ajuste continuo de la estrategia.

Ningún OOL decisor, individualmente o dentro de organizaciones, tiene –*per sé*– la posibilidad de influir sobre la sanción de leyes o la toma de medidas macroeconómicas, sin embargo, tiene el poder para gestionar esas respuestas –y otras que de esas medidas se puedan derivar– y accionar haciendo los cambios que sean necesarios para que salir airoso de la situación. Hacer cambios suele significar salir de la zona de *confort*, dejar de hacer lo usual y transformarse; todo esto puede insumir recursos y muchas habilidades que incluyen una cuota importante de inteligencia emocional del OOL decisor.

Supóngase que fue a navegar en un pequeño barco y el clima cambia abruptamente en contra del pronóstico meteorológico. Una intensa tormenta azota el mar y el bote no parece estar soportando el embate de los elementos. Usted tiene algunas opciones disponibles, por ejemplo, volverse loco/a protestando, insultando a cuanta deidad conoce y maldiciéndose por haberse subido al bote; o bien, invertir esa energía en colaborar con aquellos que saben cómo lidiar con la situación y contribuir con su propia supervivencia. En la primera opción, al sentirse impotente por no poder controlar el clima, usted está eligiendo resignarse y esperar la muerte o que otros (la providencia, la suerte o sus compañeros) lo salven. En la segunda opción, se está haciendo cargo de que nadie lo obligó a estar en el barco ya que fue su propia elección, y se pone a trabajar para sobrevivir. Puede que lo logre o que no lo logre, pero se sentirá artífice de lo que le suceda. Usted se podrá preguntar ¿y para que me sirve ser artífice si el resultado es que me muero? Hacer esta pregunta es volver a pensarse un elemento especial del ecosistema con autoridad para controlar; sin embargo, piense que todas las especies nacen y mueren. Eligiendo la segunda opción usted no solo parece aceptar esa facticidad sino también parece mostrar que su vida es lo suficientemente valiosa como para trabajar por ella.

5.4 Riesgo Emergente

Siguiendo la tradición lineal del riesgo, desde hace algún tiempo, se habla del riesgo emergente, tratando de identificar ciertas características que parecerían diferenciarlo de los otros tipos de riesgos que la gestión de riesgos suele tratar. Un artículo publicado por Risk and Insurance Management Society Inc. en 2010[6] los tipifica como "cuestiones" que no se han manifestado suficientemente como para ser tratadas usando las herramientas que comúnmente se usan para otras exposiciones, cuestiones que los individuos aún no han identificado y reconocido o que no han sido apropiadamente comprendidas. El punto central y muy valioso de la discusión del artículo es que no llegan a recibir el tratamiento que requieren.

---

[6] RIMS (2010). Emerging Risks and Enterprise Risk Management. Risk. Executive Report. The Risk Perspective. Insurance Management Society, Inc.

Desde el punto de vista ecosistémico, dichos riesgos no son otra cosa que respuestas del ecosistema a las interacciones con el OOL decisor, respuestas que aún no forman parte de su espectro de riesgos debido, principalmente, a lo que fue llamado incertidumbre ecosistémica. Ella hacía referencia a la condición de OOL del decisor cuyo marco interpretativo específico y heurísticos decisionales le confieren una manera particular de apreciar ciertas interacciones ecosistémicas; por ejemplo, suponiendo que se trate de un OOL decisor con una marcada impronta "negadora", posiblemente no será capaz de buscar informarse ni de "ver" ciertas tendencias, aun cuando estén frente a sus ojos. Por el contrario, un decisor del tipo "apocalíptico" apreciará cualquier tendencia como una posible catástrofe; mientras, un OOL decisor con un estilo "positivo" juzgará muchas tendencias como aceleradoras del éxito.

Seguidamente, serán desarrollas las características que ese interesante artículo realizó hace diez años para encuadrar conceptualmente los riesgos emergentes.

Alto grado de incertidumbre

Esta característica asociada a los riesgos emergentes se explicaría por el supuesto de que se trata de eventos para los cuales su probabilidad e impacto son difíciles de evaluar, aunque podrían enmarcar en cuestiones de muy baja probabilidad y alto impacto – con potencial de crecer rápidamente. Por ejemplo, el impacto que las tendencias demográficas podrían tener sobre ciertos ecosistemas, las cuales parecen difíciles de evaluar.

Tal como se mostró en la sección dedicada a distinguir entre riesgo e incertidumbre, un DE consideraría todas las tendencias con potencial de ocurrencia, aunque nunca hubieran sucedido; se ocuparía menos de determinar qué tan probable es que una tendencia se materialice y se enfocaría en comprender tal tendencia y la relación que ésta podría tener con su negocio a fin de determinar si ella pudiera materializarse en algún evento con potencial de cambiar su situación en cualquier dirección. Es posible que, como parte de esta evaluación, surja una oportunidad para dar un giro impensado y lograr mejorar la situación inicial.

Claro y como fue mostrándose a lo largo de este trabajo, esto depende del OOL decisor y de su habilidad para ver oportunidades; especialmente de su voluntad para salir de los paradigmas culturales y la transparencia, haciéndose protagonista de su propio desarrollo. Adicional a ello, y aun contando con una vasta fuente de información, también necesita comprender lo dicho acerca de la aceleración que los avances tecnológicos, científicos y otras interacciones ecosistémicas producen sobre la información disponible.

Falta de consenso

Otra característica que distingue a los riesgos emergentes, teniendo en cuenta que refieren a eventos incipientes y casi desconocidos por las organizaciones y el público en general, es la falta de criterio común y generalizado sobre sus *drivers*, causa raíz e impactos. Por ello, suelen ser pasados por alto bajo la excusa de "¿por qué voy a darles importancia, si nadie lo hace?".

Un aspecto que destaca el artículo es que, para poder apreciar riesgos emergentes, se hace necesario salir de la zona de *confort*; en este sentido, coincide con la actitud de un DE que está acostumbrado a vivir desde esa óptica.

Relevancia o evolución inciertas

En los riesgos emergentes, adicionalmente y dado que se desconoce cómo los eventos evolucionarán para convertirse en aceleradores del éxito o fracaso, su relevancia no puede ser evaluada apropiadamente, haciendo nuevamente hincapié en el desconocimiento.

La incertidumbre ecosistémica del OOL decisor explicaría la inhabilidad para conocer todas las interacciones, para apreciar la evolución de las tendencias ecosistémicas y hacer el juicio de relevancia.

Difíciles de entender y comunicar

Según el artículo estudiado, por tratarse de eventos nuevos o en desarrollo, se hace difícil entender y comunicar apropiadamente a aquellos que toman decisiones y que están acostumbrados a hacer gestión de riesgos desde una perspectiva tradicional; por no saber comunicarlo, podría suceder que el evento sea juzgado tan improbable que no llegue a ser tenido en cuenta ni tratado.

Recordando que el común de los OOL decisores viven dentro de paradigmas culturales y en transparencia, aun cuando alguien dentro de la alta gerencia o comité directivo de una organización llegara a comprender las causas raíces y potenciales impactos de ciertas respuestas ecosistémicas, ¿cómo podría hacer ese particular OOL decisor o área para que el resto de los integrantes puedan ver lo que ella o él ve? Incluso siendo capaces de mostrar cabalmente lo necesario, ¿cómo esto tendría el poder de movilizar las diferentes inquietudes que atan a otros OOL decisores a la manera habitual de hacer las cosas? Aquí es donde se hace necesario y útil un trabajo de desafío de la estrategia, de planteo de escenarios y de aprendizajes profundos.

Difícil de asignar responsable

Finalmente, el artículo comenta que, dado que suele involucrar eventos transversales a la sociedad, se dificulta el decidir quién debe hacerse cargo de su consideración y tratamiento.

La óptica global y ecosistémica propuesta, por definición, asigna una responsabilidad única a todos los participantes del ecosistema; sin embargo, aquellos que por su posición dentro del mismo tienen mayores posibilidades y oportunidades de ejercer real influencia, tendrían una cuota de responsabilidad adicional en producir los cambios que éste requiera. OOL decisores individualmente y dentro de grandes organizaciones y grupos económicos, sociales y políticos, parecen tener las capacidades objetivas –los medios para ejercer poder e influencia– y entonces, una mayor responsabilidad en relación con los cambios que hagan falta.

El desafío que esta mirada trae radica, por un lado, en dejar de verse como tribus diferentes para considerarse participantes de un mismo ecosistema, y por otro y fundamental, desarrollar la ética ecosistémica necesaria para hablarse, escucharse y acordar decisiones con potencial de llevar a los participantes a un cambio de estado deseado. La tecnología existe y se encuentra embebida suficientemente como para posibilitar el canal apropiado; hoy no se requiere gastar dinero en viajes, hospedajes y coordinar seguridad ni concurrencias. Actualmente, cualquier reunión de líderes o de aquellos con posibilidad de influir puede ser realizada en pantuflas y en la comodidad de sus hogares. Es justamente la habilidad para mirar éticamente a otros el desafío que subyace cualquier conversación, incluso en la complejidad que propone el mundo que hemos creado.

Capítulo 6

La Gestión de riesgos ecosistémica GRES

¿De qué se hce cargo la GRES?

Llegando ya al final del libro, solo resta presentar lo que he llamado GRES como acrónimo de Gestión de Riesgos Ecosistémica, cuyo propósito principal será poner de manifiesto los aprendizajes que el decisor lineal necesitará realizar a fin de que sus decisiones observen ética ecosistémica. Por tanto, no reconoce barreras o límites de aplicación; sea en el nivel individual y personal o en el nivel individual y organizacional, todo OOL decisor realiza decisiones a fin de dar dirección a su vida. Ciertamente, y como se dijo en varias oportunidades, aún existen muchos OOL decisores subyugados por paradigmas culturales que no han ganado la claridad para comprender que siempre hay un planteo decisional. Ellos han rendido muchas de sus decisiones al "cómo deben ser las cosas" dentro de su cultura. Aún en estos casos, la GRES tiene el potencial de provocar el despertar hacia una nueva mirada.

El propósito de la GRES comienza a cumplirse a partir de la formulación de algunas preguntas que dejan planteado el dilema que trae la perspectiva: ¿qué impactos y respuestas ecosistémicos podrían producir los objetivos que se viabilizan a través de mi decisión? ¿Cómo éstas podrían cambiar la posición de otros integrantes del ecosistema sin que lo hubieran buscado o pedido? Sin importar si el cambio es juzgado por el OOL decisor como positivo, negativo o neutro, este es solo su propio juicio; si los otros participantes del ecosistema impactados por dicha decisión no tuvieron la oportunidad de enterarse de antemano, opinar y finalmente elegir, la decisión es, a los ojos de la GRES, una decisión lineal y no ética.

Es importante resaltar que el planteo ético propuesto no es un proceso paralelo a la definición de objetivos y a las decisiones consecuentes,

"

sino que ocurre como parte de esa definición, brindando la posibilidad de formular o reformular, y hacer las adecuaciones necesarias para que las decisiones resultantes sean ecosistémicamente éticas y consistentes con la capacidad de los decisores –individuales y organizacionales– para gestionar las respuestas consecuentes. Por ello, la GRES se concentra en el OOL decisor y en la interacción compleja con su ecosistema particular, facilitando el *insight* y el aprendizaje de habilidades clave para realizar y sostener el proceso, habilidades que fueron llamadas onto-lingüísticas u Onto-Habilidades®.

La GRES no enseña a hacer decisiones perfectas –esto sería dejarse subyugar nuevamente por el paradigma metafísico– pero sí favorece el planteo de objetivos y decisiones que ofrecen visibilidad, participación y capacidad de gestión oportuna a todos los participantes del ecosistema.

GRE, GER y GRES

Los capítulos precedentes permitieron construir un basamento teórico –y riguroso en todo lo que fue posible– sentando un terreno común desde donde presentar otra manera de gestionar riesgos. En las líneas siguientes, se mostrarán las que, a criterio de la autora, serían las principales diferencias con las formas actualmente conocidas en la materia. Sin embargo, el contenido queda a disposición y abierto a ser desafiado y, sobre todo, enriquecido por aquellos que se sumen a construir en este espacio de saber que quiere ser ecosistémico.

La gestión

Tradicionalmente, un proceso de gestión de riesgos tiene por finalidad obtener una seguridad razonable de que los objetivos que las decisiones plantean puedan ser logrados.

La GRE, así llamaremos a la gestión de riesgos tradicional, apunta a ofrecer un proceso que incluye al menos lo siguiente: un diagnóstico, para comprender e identificar de manera preliminar el espectro de riesgos de una organización; luego, una etapa de profundización, evaluación, calificación y mapeo de sus riesgos; seguidamente, la selección de contramedidas y planes de acción a fin de tratar –previniendo, detectando o transfiriendo– los riesgos que hubiera juzgado relevantes. Finalmente, y teniendo en cuenta que se trata de un proceso continuo, se requiere el monitoreo de los riesgos ya conocidos y el relevamiento de información acerca de otros nuevos o emergentes, a través del uso de herramientas diversas. Podría decirse que todo este proceso tiene lugar *post mortem* es decir, una vez que la decisión para la cual se gestionan sus riesgos ha sido tomada. Esta forma de gestionarlos fue aplicada durante mucho tiempo tanto a riesgos operativos como estratégicos. La disciplina la llama ERM (*enterprise risk management*) o GRE (gestión de riesgos empresariales)

Hace algunos años surgió con fuerza la gestión estratégica de riesgos (GER) o SRM (*strategic risk management*) como proceso que tiene lugar en el mismo momento en que la decisión está siendo tomada, requiriendo estar embebido dentro de las actividades de planeación. De esta forma, al momento de plantear la estrategia organizacional, se lleva a cabo un proceso de identificación, profundización, evaluación y tratamiento de los principales riesgos que podrían poner desafíos al logro de la estrategia de negocio. Esto, en sí mismo, hace una gran diferencia con la GRE, agregando un valor real al proceso de toma de decisiones por el solo hecho de operar en el momento más oportuno a fin de evitar fallos, muchas veces, anticipables. La más beneficiada es la misma estrategia de negocio y, con ello, la supervivencia organizacional.

La GER también puede aplicarse en la gestión de riesgos asociados a tácticas o estrategias de menor nivel ofreciendo un valor adicional; sin embargo, en el caso de la mayoría de los riesgos operacionales, conectados con la implementación de las estrategias y tácticas, y principalmente conectados a los procesos de negocio, su tratamiento suele estar ya definido y entonces, la GRE sigue teniendo plena aplicación. En este caso, pueden y suelen integrarse ambos enfoques en un proceso único.

Al nivel del proceso de gestión, la primera diferencia entre GRE, GER y GRES es la plataforma de valores en que las perspectivas fundan su espectro de acción. Ambas, GER y GRE, son hijas de los paradigmas culturales vigentes en tanto se ofrecen solo como camino para asegurar el logro de objetivos, con una mirada lineal. La GRES, en cambio, propone pensar la definición misma de objetivos desde el riesgo y no al revés, desafiando dichos objetivos al nivel de la ética ecosistémica, indagando y revisando si las decisiones en las cuales ellos se van a materializar respetan, antes que nada, a los participantes del ecosistema.

La GRES queda planteada como un paradigma decisional que busca el aprendizaje de un grupo de habilidades capaces de producir decisiones éticas y sostenibles, a través de un fuerte cuestionamiento del carácter ético en oportunidad del planteo de objetivos y elecciones.

La GRES busca redefinir el proceso de tomar decisiones presentándose como hija del nuevo paradigma que hemos llamado la "Ética ecosistémica", una ética que no exige resultados inmediatos o logros que tengan lugar "cueste lo que cueste y caiga quien caiga", sino que requiere, previo a plantear cualquier objetivo y hacer cualquier decisión, haber asegurado el respeto por el *status* único de todas los participantes del ecosistema – sean humanos o no. Ya no vale decirse "si el vecino lo hace, también yo lo puedo hacer, y lo hago", esta ética responsabiliza de manera individual y personal al OOL decisor por la sostenibilidad ecosistémica. Adicionalmente y teniendo en cuenta el largo historial de decisiones lineales tanto organizacionales como individuales, la GRES busca tratar y reparar de manera ecosistémica potenciales respuestas o riesgos producto de antiguas decisiones lineales.

Como proceso, propone que la toma de decisiones se transforme en un espacio de desafío continuo y efectivo a fin de lograr la alineación de los propios objetivos y decisiones con el ecosistema, gestionando las respuestas que aun así pudieran surgir. Como modelo, deja de mirar la decisión y la gestión de riesgos como dos procesos separados –como en el caso de la GRE– o embebiendo el segundo en el primero –como en el caso de la GER; la GRES propone crear un proceso único de toma de decisiones ecosistémicas que, por definición, requiere mirar las potenciales respuestas o riesgo a la luz del nuevo paradigma a fin de alinear objetivos y ecosistema. Poder trabajar desde esta nueva perspectiva requiere:

a. Comprender la dinámica de funcionamiento de los sistemas en general y del ecosistema en particular; principalmente, entender los procesos de *feedback* y demora, tal como se mostró resumidamente en el capítulo uno.

b. Propiciar un cambio de perspectiva hacia miradas menos metafísicas y más alienadas o similares a la OL, sus postulados, principios y metodología, tal como fue compartido en el capítulo tres. En conjunto a) y b) abrirán las puertas para identificar y entender algunos patrones de comportamiento que subyacen la dinámica del intercambio del OOL decisor y la organización con su ecosistema, que se ponen de manifiesto en el tipo de decisiones que toma y de resultados que obtiene.

c. Resignificar la manera de entender la incertidumbre, como la resultante de la faceta inhibidora que la condición de OOL decisor propicia y de la faceta creadora y aceleradora de nuevas interacciones que posee su capacidad de aprendizaje, tal como fue expresado en el capítulo cuatro.

d. Componer, basado en el *insigth* ganado en a) y b), el perfil de riesgo del o los OOL decisores y de la organización, a fin de reconocer los espacios de aprendizaje aún no realizados, tal como se mostró en el capítulo cuatro.

e. Diseñar, en base a d), el aprendizaje de ciertas Onto-Habilidades® capaces de disolver algunos patrones decisionales que limitan o dificultan el planteo de objetivos y decisiones en consonancia con el ecosistema. Un pequeño avance se compartió en el capítulo cuatro.

f. Aprender a reinterpretar el "riesgo" desde la nueva perspectiva, entendiéndolo como el juicio que el OOL decisor hace acerca de las potenciales respuestas del ecosistema a su participación activa o pasiva –en la forma de objetivos y decisiones, deliberados o no– y no como algo que ocurre con independencia de sí mismo o que se conecta a la incertidumbre acerca del futuro, tal como fue compartido en el capítulo cinco.

g. Entendiendo que la GRES es un proceso continuado de desafío ético de la estrategia y de indagación permanente del ecosistema, será necesario materializarlo de forma tal que posibilite el *input* de información valiosa para llevar adelante el cuestionamiento. Cada quien puede elegir las herramientas que entienda le permitirán hacerlo de manera más efectiva y adecuada a sus posibilidades.

La decisión

Ninguna, GRE o GER están planteadas para asegurar que los objetivos y decisiones, cuyos riesgos se quieren gestionar, fueron, son o serán lineales o ecosistémicos. Esta distinción no existe en los modelos gracias a sus paradigmas de base. Podría ocurrir que ciertos OOL decisores y organizaciones, usando cualquiera de los modelos en cuestión, hubieran migrado hacia una mirada ecosistémica y buscado hacer decisiones en concordancia con el ecosistema. Sin embargo, esto será el resultado de un aprendizaje individual y personal, y no un resultado propiciado por los procesos de GRE o GER. Ellos, por definición, buscan gestionar los riesgos que amenazan el logro de sus tan amados objetivos, o lo que muchos llaman el "qué podría ir mal" en ese camino.

En este sentido y como se mencionó más arriba, la GRES busca que los objetivos perseguidos por toda decisión sean éticos en términos del ecosistema y puedan ser sostenibles. Para lograrlo, necesita indagar y desafiar fuertemente el planteo decisorio; pero esto no es nuevo, hace muchos años Peter Drucker en su libro *Gerencia*, comentando algunas fortalezas del *management* japonés[1], destacaba la cantidad de tiempo que ellos insumían a fin de plantear el carácter de la decisión; y esto lo hacían a través de realizarse preguntas como: ¿se necesita hacer esta decisión? ¿Qué pasaría si no se hace nada? El foco estaba puesto en entender cuál era el problema que la decisión quería resolver, si es que había alguno.

La GRES suma otras preguntas con la intención de desafiar el carácter ético de objetivos y decisiones y posibilitar una reflexión amplia y profunda que ponga de manifiesto el real móvil detrás de ellos.

Supóngase que usted tiene una empresa y quiere duplicar su participación en su segmento de mercado; para ello ha decidido –linealmente– aliarse con un competidor y dejar fuera de juego a un tercer competidor que tiene la mayor parte del segmento. Este tipo de estrategias, como se mostró en el capítulo dos, es tan arcaico como los cazadores recolectores. Es posible que los cazadores no hubieran podido realizar un planteo de ética ecosistémica, teniendo en cuenta su grado de evolución; sin embargo, habiendo transcurrido muchos miles de años que le permitieron al humano superar dicho nivel en diferentes ámbitos de su existencia, bien podría, deliberadamente, desafiar su impronta bio-cultural para preguntarse: ¿para qué me hace falta tener un mayor segmento de mercado? Es posible que la palabra "dinero" pudiera surgir como una típica respuesta o tal vez, podría aparecer la palabra "bien social", "bien mayor"; muchas buenas intenciones pueden terminar en decisiones no éticas. Si la búsqueda es el dinero y todo lo que es capaz de comprar, entonces se abre un amplio repertorio de preguntas. Ellas podrían ayudar a descubrir qué es aquello que el dinero que gana en el presente no es todavía capaz de comprar, qué necesidades quedan aún descubiertas y, lo más importante, qué pasaría si no ganara ese dinero adicional. Y aquí es donde la cuestión comienza a hurgarse un poco más a fondo a través de una indagación

---

[1] Drucker, P. (1986). Management: tasks, responsibilities, practices. Capítulo 37. U.S.A. Truman Talley Books, E.P. Dutton.

capaz de mostrar aquello que, en realidad, el dinero viene a cubrir. Podría manifestarse una lucha o competencia por mostrarse el único, el mejor, el que más tiene, una lucha por el *status*; otras veces, la necesidad de querer ser reconocido como alguien fuerte y capaz de todo; y en otras, podría surgir simplemente el impulso que un gran temor a la pobreza o a morir suele aún movilizarse en muchos seres humanos.

Seguidamente, la indagación debe continuar a fin de identificar y traer al escenario decisorio a los participantes del ecosistema, para preguntar: ¿quiénes son los involucrados y los potenciales impactados por mis objetivos y decisiones? ¿Cuáles son esos impactos? ¿Qué piensan ellos de esos impactos? ¿Por qué mi objetivo de tener más dinero tiene que terminar en una decisión que podría cambiar su situación, sin que ellos lo hubieran buscado? ¿Por qué mi necesidad de competir para mostrar que soy el líder, mi necesidad de reconocimiento de un supuesto liderazgo, o mi miedo a ser pobre o a morirme, debe ser "pagado" por otros, que nada tienen que ver con mis propias limitaciones?

Poder profundizar en esas limitaciones tendrá por resultado el hacerse responsable de lo propio, y posibilitará una nueva pregunta ¿podría lograr el objetivo de otra forma? ¿Podría innovar o lanzar otros productos que me ofrezcan el dinero que quiero, respetando a los otros? Y esta es sencillamente una pregunta ecosistémica, porque propicia la creatividad en línea con el ecosistema.

Muchos objetivos y decisiones suelen tener múltiples impactos e impactados, y con ello, surgirán participantes que pueden no estar de acuerdo en que sea necesario hacer una decisión o, estándolo, no coincidan con el contenido de la decisión en sí misma. Traer a la escena a otros participantes trae consigo la aparición de desacuerdos que requieren ser dirimidos; por ello, una nueva indagación será necesaria para entender ¿qué impactos dicen que la decisión tendrá en ellos y cuáles son los hechos en los que fundan sus apreciaciones? ¿Qué inquietudes y valores quieren proteger a partir del desacuerdo? ¿Qué desean evitar y qué desean fomentar? Muchas veces, descubren que el propósito es el mismo, pero las diferencias están en los valores defendidos, los cuales suelen teñirse de diferentes paradigmas culturales y tribales. Sin embargo, hacer decisiones ecosistémicas implica sostener la ética o respeto por el *status* único de los integrantes del ecosistema como valor por excelencia; en ella el tribalismo no tiene espacio.

Es en este lugar donde la GRES se expresa con gran fuerza al movilizar al OOL decisor o decisores a plantearse, sin vendas en los ojos, las potenciales respuestas que podrían producirse a partir de los impactos de sus objetivos y decisiones en su ecosistema. El proceso de acuerdo y desacuerdo rinde aquí su beneficio, aportando visibilidad de posibles respuestas que, de no indagar, no serían capaces de imaginar. Lograr un acuerdo previo a tomar la decisión allanará el camino para su implementación y posterior ejecución, pero ¿esto quiere decir que se eliminaron los riesgos? De ninguna manera; es posible que este proceso ayude a eliminar algunos, quizás los más relevantes en términos de ética y respeto por los participantes; sin embargo, las interacciones continúan su curso y se vuelve a instalar la incertidumbre ecosistémica, tal como fue presentada en el capítulo cuatro. No obstante, por tratarse la GRES de un proceso continuo de desafío de la estrategia, siempre habrá oportunidad de revisar lo realizado y corregir, en caso de ser necesario.

La GRES como desafío decisorio se sostiene en una indagación continua sobre las interacciones actuales ocurriendo en el ecosistema, a fin de determinar si estas pudieran modificar la evaluación realizada en oportunidad de la decisión. Y que sea continua no es algo caprichoso, como se mostró oportunamente la incertidumbre ecosistémica tiene el poder de transformar el escenario experiencial y decisorio en un terreno completamente nuevo al minuto siguiente de plantear un objetivo y hacer una decisión, mostrando nuevos eventos –al menos para el OOL decisor– con posibilidad de modificar los acuerdos ya realizados. Esto significa que si ellos no pudieran modificarse por lo avanzado del proceso de implementación y sus consecuencias, se requerirá trabajar en un nuevo acuerdo y plan de mitigación de potenciales nuevas respuestas.

En términos de tiempo lineal, todo el tiempo se lo lleva el proceso de establecer la necesidad de hacer una decisión, determinar sus verdaderos colores, incorporar a los participantes ecosistémicos al proceso, dirimir los desacuerdos y evaluar las potenciales respuestas, para finalmente hacer la decisión. Es posible que ésta sea la que inicialmente se planteó o una completamente diferente; incluso este proceso pueda dar por resultado no hacer ninguna decisión.

Recuérdese que hablar de decisión ecosistémica, decisor ecosistémico y GRES supone un cambio de paradigma, habrá quienes puedan lograrlo, no sin esfuerzo, más rápidamente, y otros, a los cuales les tome más tiempo o nunca dejen la zona de confort. En cualquier caso, este libro intentó solamente mostrar un posible camino, de inicio a fin, por donde transitar el aprendizaje; y tal como se mencionó al inicio de este capítulo, todo lo dicho en relación a la GRES es simplemente un comienzo y una invitación que espero muchos se atrevan a aceptar para continuar, enriquecer y usar, a fin de transformar éticamente realidades.

La GRES y la pandemia 2020

Durante los cuatro años que me tomó escribir este libro y, como ya comenté en otra parte, sentí que estaba haciendo ciencia ficción, no porque el decisor occidental no tuviera el potencial para la transformación que este trabajo propone, sino simplemente porque, dada nuestra herencia cultural, la ética no parece tan fácil de ser aprendida y, menos, de ser juzgada atractiva. Sin embargo, hoy en día algunas organizaciones están entendiendo que el futuro yace en inversiones sostenibles en los ámbitos medio ambiental (riesgos climáticos, escasez de recursos y energías limpias), social (diversidad, derechos humanos y ciberseguridad) y de gobernancia (ética en los negocios, transparencia y anti-corrupción) a favor de impulsar impactos positivos y duraderos en el mundo. Solo a fin de ejemplificar esto con datos, la cantidad de dinero invertido en todo el mundo se duplicó desde 2012 llegando a 30 billones de dólares (cifras anglosajonas) en 2018[2]. La ética ecosistémica propuesta en este trabajo parece estar en la base de cualquiera de los ámbitos mencionados y de muchos otros, tal vez no tan atractivos en términos de inversión; tomar nota de este movimiento suena alentador para aquellos que quieren comenzar a construir una nueva forma de vivir en un mundo de casi 8000 millones de seres humanos.

Parece pura coincidencia que este libro esté siendo terminado en plena cuarentena COVID-19 en Buenos Aires, un tiempo de aislamiento obligatorio que me regaló varias cosas. Por un lado, aprender a reflexionar en tiempo presente, inmersa en un contexto ecosistémico al que no accedo por la lectura de un libro o por investigación de fuentes diversas, sino por experiencia directa y personal en mi propio aislamiento, en las veces que salgo a la calle, en las conversaciones que regularmente mantengo con mis amigas. También, escuchando a otros y viendo imágenes de dolor, tristeza

[2] Ghosh, I. (2020). Visualizing the Global Rise of Sustainable Investing. 4 de febrero de 2020. Original en: https://www.visualcapitalist.com/rise-of-sustainable-investing/

y miedo en diferentes partes del mundo o de otras, amorosas, calurosas, solidarias y de reconocimiento hacia acciones llenas de compromiso y responsabilidad por parte de personas que están haciendo posible salvar vidas y poner fin a la tragedia. Nada de esto me lo cuenta Echeverría, Wilson, Senge, Harari o cualquiera de los muchos otros eminentes autores que me han servido de guía e inspiración; esta es una experiencia de primera mano. Salir a pasear a mi mascota y esquivar a otro ser humano que camina por la misma vereda me resultó hasta doloroso; salir al balcón a las 21hs todos los días para aplaudir a médicos, enfermeras y todo el personal que cuida y trata a los contagiados llenó mi corazón de afecto y agradecimiento; lo mismo que el reconocimiento hacia aquellos que trabajan para posibilitar nuestro sustento en estos días; me siento una privilegiada por vivir entre ellos.

Pero este evento que el mundo del año 2020 está experimentando no es una de las diez plagas de Egipto enviadas por un dios sobrenatural, ni el resultado de un meteorito que chocó contra la tierra, sino el resultado de la decisión humana. ¿Qué decisiones? Algunas no las conocemos o no tenemos evidencia y otras están en cualquiera de los canales de TV mostrando a altos funcionarios decidiendo sobre la vida y la muerte de miles de personas. Especulaciones sobran: algunos dicen tener evidencia de la manipulación genética del virus, el cual parece que existe desde hace tiempo entre los humanos; otros hablan de la pandemia como el resultado de una nueva guerra fría. A esto hay que sumar la cuota de manipulación de información producida por los medios y la gente.

Es posible que la causa raíz nunca la conozcamos quienes que no disponemos de información privilegiada por no dirigir grandes organizaciones gubernamentales o productivas globales, pero hay algo que como personas comunes no podemos dejar de evaluar a la luz de la perspectiva planteada en este libro. En un mundo global como el actual, donde los medios de transporte nos llevan a cualquier parte del planeta, donde una gran parte de la población mundial adora viajar y experimentar otros lugares y culturas, el efecto multiplicador de cualquier nueva enfermedad es altísimo y agravado por el desconocimiento de la infinidad de interacciones que cualquiera realiza, tanto individual como organizacionalmente. Cualquier decisión en este contexto no solo tiene impacto en quien la toma y en su ecosistema, sino en todos aquellos que coincidieron en tiempo y espacio dentro de él.

Algo similar sucede con muchas de las decisiones tomadas para tratar la pandemia que, tanto local como globalmente, no han sido ecosistémicas. Piénsese en aquellos que, defendiendo el paradigma de la producción y el resultado, pusieron en peligro la vida de sus ciudadanos y de otros que interactúan con personas que no debieron respetar medidas de aislamiento. Incluso, en el supuesto de que el virus hubiera sido mutado y liberado por una mano siniestra para los fines que sea, ¿qué decisiones ecosistémicas pudieron haber evitado el desastre posterior?

En el día de hoy leí una entrevista que días atrás le hicieron a Yuval Harari, en la cual le pedían su opinión sobre la actual situación, y el profesor respondió que la falta de solidaridad y de un fuerte liderazgo global eran un peligro para la humanidad. Aunque inicialmente coincido, no puedo dejar de reinterpretar estas palabras en términos de ética ecosistémica. Ser solidario es empatizar con el dolor del otro y abrir nuestro corazón al desvalido, al que está en una situación precaria e inferior a la propia, y como seres emocionales que somos, entiendo absolutamente necesarias las acciones de ayuda. Sin embargo, más que solidaridad, necesitamos que la ética ecosistémica forje conexiones neuronales capaces de producir decisiones individuales y organizacionales que impidan o reduzcan el potencial de que el humano caiga en desgracia y precise de la solidaridad ajena. Por otro lado, ¿de qué sirve un liderazgo global fuerte si los líderes no respetan el *status* único de cada especie, ni siquiera de la humana? Como fue compartido en algún capítulo, el ser humano tiene una larga historia de competencia, colaboración y altruismo, teñida de tribalismo, ¿quiénes elegirán a esos líderes? ¿A quiénes ellos van a representar y ayudar?

Estoy cada vez más convencida de que el mundo ya no necesita de padres que decidan lo que creen es mejor para todos, creo que hay una gran necesidad de cohabitantes del planeta con voluntad de nobleza y no de rebaño, parafraseando a Nietzsche, personas que ya no quieran ser pastoreados como ovejas por medio de ideologías, sectas, tecnología, drogas, y otras tantas esclavitudes que solo benefician a los que utilizan a los esclavos.

Quien quiera que haya sido la mano que puso al coronavirus a rodar por el globo, es posible que nunca se hubiera imaginado que, además de enfermedad, muerte y recesión, también hizo posible la reflexión de muchos que, como la autora, cada vez más fuerte se pregunten: ¿para qué necesita el humano del siglo XXI seguir atado a viejas tretas genéticas y culturales que solo quieren satisfacer el paradigma del crecimiento económico sin límite? ¿Hasta dónde quiere seguir creciendo? ¿Disfruta lo que logra? Porque solo en oportunidades como la que ofrece una pandemia como la actual, más que nunca se hace presente la pregunta ¿para qué sirve todo esto, cuando un virus te puede dejar sin vida o sin la vida de aquellos a los que amás, de un minuto para otro?

¿Qué podría suceder si el humano decidiera parar y se tomara un tiempo para mirar lo que ha logrado? Ahora que la pandemia ha obligado a detener la marcha. ¿Será posible que use esta oportunidad para repensar como quiere seguir?

Apéndice

Una mirada ecosistémica a la pandemia 2020

Investigación periodísitca: María Feranda Chaves

Introducción

Mucho de lo ocurrido durante la pandemia COVID19 ha generado múltiples miradas y opiniones, tanto a nivel local como internacional, sobre la forma en la cual este evento ha sido tratado; por ello, no quise finalizar este trabajo sin aprovechar la oportunidad que se presenta a fin de aplicar la mirada ecosistémica al accionar de algunos gobiernos del mundo.

No parece haber duda de que la aparición activa del virus ha desafiado y cambiado el ecosistema que el ser humano experimenta; sin embargo, muchos de los cambios sufridos han derivado de las decisiones que los líderes mundiales han tomado desde el momento en que aquel comenzó a hacer sentir sus efectos. Ellas, junto a las que seguirán tomando, son clave a fin de definir el nuevo escenario social, económico y político en el cual tendrá lugar la vida de los ciudadanos en todo el globo.

Este apéndice indaga y presenta su propia perspectiva acerca de las decisiones lineales y ecosistémicas que OOL decisores del siglo XXI a cargo del gobierno de sus respectivos países, tomaron frente a este evento de magnitud global. La investigación se concentró en un conjunto de 14 países del mundo: Islandia, Israel, Italia, Alemania, España, Nueva Zelanda, Estados Unidos, Corea del Sur, Reino Unido, Francia, Brasil, Argentina, Guatemala y México. La elección quiso incluir a aquellos que al 21 de abril de 2020 eran reconocidos por diversos medios sociales como ejemplos de gestión y otros, por estar en el *top ten* de contagios o muertes.

Solo con el fin de refrescar lo dicho a lo largo de este libro, serán consideradas decisiones ecosistémicas aquellas realizadas respetando en alto grado la ética ecosistémica, usando experiencia previa e información disponible, dando visibilidad y participación a los diferentes integrantes del ecosistema, y habiendo realizado una evaluación previa de algunos impactos que podrían tener lugar, más allá de lo estrictamente visible. Serán decisiones lineales a aquellas que no hubieran respetado cualquiera de las anteriores características y a pesar de existir experiencia e información disponible, hubieran sido realizadas sin una apropiada evaluación de las respuestas ecosistémicas locales y globales que sus impactos podían provocar.

A fin de realizar la indagación se utilizó una muestra de 200 artículos periodísticos publicados en medios de comunicación digitales nacionales, como Clarín, Infobae, La Nación, Perfil y Página12, e internacionales como diario.es, BBC, France24, La Vanguardia, entre otros; también publicados por ONGs como Amnistía internacional y Human Rights Watch, y bases de datos oficiales facilitadas por los distintos gobiernos, desde el comienzo de la pandemia COVID19 hasta el 27 de julio de 2020.

Además, se utilizaron bases de datos corroboradas y utilizadas internacionalmente como: Covidvisualizer, Worldometers, Ourworldindata, flightradar24, las cuales han sido agregadas al final del libro en el apartado de referencias y en los diferentes cuadros y gráficos incluidos en este apéndice. El trabajo realizado y expuesto a continuación se hizo sobre la base de entender verídica la información brindada por cada uno de los medios y bases de datos, e hizo uso de los datos obtenidos a través de la construcción de tablas y gráficos con fines de visualización y en ningún caso se modificaron.

Sobre la información mencionada se realizó un trabajo de despacho que incluye un proceso de investigación que no precisa de la experiencia de campo (Loriane Blaxter, 2008: 80), poniendo el foco en el estudio de casos particulares (Barrio del Castillo et al). El tipo de análisis realizado fue comparativo, contrastándose las distintas decisiones, impactos y consecuencias tomadas por los mandatarios de los países analizados. Dado que el trabajo centra su interés en generar una apropiada comprensión de cada caso particular en su contexto (Goodrick, 2014), se utilizó una combinación de estrategias y datos cuantitativos y cualitativos. Si bien la principal variable a analizar fue el tipo de decisión tomada por cada país respecto a la pandemia, la distinción entre ecosistémica y lineal está basa en datos duros recabados respecto a población de cada país, cantidad de test por millón de habitantes, cantidad total de test realizados, cantidad de casos de muerte e infectados, fecha de aparición del virus en cada país a través del primer contagio –o día 1– fecha de la primera medida tomada a fin de contener o eliminar el virus y fecha aproximada de inicio de testeos, según información provista por cada gobierno.

Desarrollo

1. El discurso

Parece interesante iniciar el desarrollo del trabajo destacando la opinión de Ignacio Molina, investigador del Instituto Real El Cano, quien expresó que las respuestas de cada país frente a la pandemia estuvieron determinadas por su cultura política y los intereses de sus mandatarios, más allá de la evaluación o no de las posibles consecuencias. Agregó además que: "Donde previamente existía una cultura de consenso y coalición como en los países escandinavos-germanos –Alemania, Suiza, Austria, Holanda, etc.– se está respondiendo con entendimiento, mientras que en España o Estados Unidos donde la polarización ya era muy evidente, el coronavirus ha agudizado la tendencia de confrontación" (Euronews, 2020). Por otro lado, parece que, en países como Francia, Italia o Reino Unido, donde existe una constante confrontación política, se dio, en cambio, una especie de tregua.

Teniendo en cuenta que la decisión ecosistémica reconoce en la Ontología del Lenguaje uno de sus pilares, la manera de abordar el desarrollo de esta investigación seguirá exactamente la misma línea y partirá sosteniendo que el lenguaje construye realidades a través de las declaraciones y los juicios que todo OOL decisor es capaz de realizar. Complementariamente, siguiendo el Modelo O.S.A.R. (Observador, Sistema, Acción y Resultados), los resultados que dicho OOL decisor obtiene en cualquier dominio, son consecuencia de las decisiones/acciones que emprende o de las que no emprende (Echeverría & Pizarro). Esta mirada servirá como brújula a fin de iniciar esta investigación y pondrá foco en el discurso sostenido por cada mandatario de los países estudiados, los cuales han creado las "realidades" que hoy cada uno experimenta.

En base a lo dicho, se identificaron dos tipos de discursos. Por un lado, el de mandatarios que desde el inicio consideraron al COVID-19 como una amenaza real y se propusieron seguir recomendaciones médicas, entre los cuales se encuentran Islandia, Israel, Alemania, Nueva Zelanda, Corea del Sur, Guatemala y Argentina. Por otro, aquellos mandatarios que, por diferentes razones subestimaron tal amenaza, entre los que se cuenta a Estados Unidos, Reino Unido, México, Brasil, España, Italia y Francia.

A fin de fundamentar lo dicho, algunos de los discursos serán compartidos a continuación.

1.1 Discurso que siguió recomendaciones médicas

Comenzando con Islandia, la primer ministro, Katrín Jakobsdóttir en entrevista con France24 en el mes de mayo dijo: "Yo diría que la pandemia no ha finalizado pero que está bastante bien controlada en Islandia; desde el principio en febrero, hemos realizado un poco más de 46.000 pruebas y hemos rastreado las infecciones. Hemos usado un método para rastrear nuevas infecciones". El periodista le preguntó por qué la estrategia de testear tanto y con tanta anticipación, y respondió que ellos quieren no solo contener sino eliminar el virus. También comentó que han seguido las instrucciones de la OMS detectando, poniendo en cuarentena a la gente infectada, haciendo trazabilidad a los que han estado en contacto con ellos, pero que también han querido que la sociedad continuara funcionando y por ello, solo dispuso distanciamiento social. Adicionalmente, sostuvo que "los líderes que siguen consejos médicos y toman decisiones transparentes están controlando el virus".

En Alemania la primer ministro, Ángela Merkel, declaró por cadena nacional: "Somos una comunidad en la que cada vida y persona importa", resaltando e insistiendo con la necesidad de reducir al máximo la vida pública a pesar de no imponer confinamientos totales (EuropaPress, 2020). También insistió en que las directrices dadas quisieron profundizar la idea de "frenar el contagio y expansión del virus" hasta tanto se encuentre una vacuna. La canciller pidió a las autoridades de su país en las distintas regiones, a realizar una actuación concertada y seguir las recomendaciones del Instituto Robert Koch (RKI), la agencia gubernamental para el control enfermedades contagiosas en ese país, para evitar sobrecargar el sistema de salud (Telam, 2020). Adicionalmente, se mostró a favor de ciertas restricciones temporales a fin de limitar la cantidad de contagios "para gente como yo, para quienes la libertad de movimiento supone un derecho ganado duramente, estas restricciones solo pueden estar justificadas por absoluta necesidad y en este momento son indispensables para salvar vidas" (EuropaPress, 2020).

Nueva Zelanda, un país que a fines de abril consideró la pandemia eliminada de sus tierras, también decidió priorizar la salud y seguir las recomendaciones médicas. Jacinda Ardern, su primer ministro, en el discurso de marzo 2020 donde anunciaba el estado de alerta para el confinamiento total por un mes, dijo que debían estar preparados para moverse rápido y con firmeza. La estrategia seguida fue *"go hard, do early"* y las palabras de Ashley Bloomfield, director general de Salud de Nueva Zelanda, al presentar el plan a finales de marzo fueron: "Nuestro objetivo es el de romper la cadena de infección. Idealmente, queremos hacerlo y si nos mantenemos en esta posición y somos rigurosos para hacer cumplir el distanciamiento físico, la eliminaremos" (Elespectador, 2020). Finalmente, en entrevista realizada en el mes de mayo, Ardern comentaba que, a veces, hay que simplemente anticiparse, uno sabe lo que la ciencia es y lo que la evidencia dice, pero no sabes cómo esto va a desplegarse en tu contexto (Newshub, 2020). En otro orden ella expresaba por cadena nacional: "Junto con Israel y un pequeño número de islas del Pacífico que han cerrado efectivamente sus fronteras, esta decisión significará que Nueva Zelanda tendrá las restricciones fronterizas más amplias y duras de cualquier país del mundo" a fines de marzo 2020. Y agregó: "No me disculpo. Este es un momento sin precedentes" (PRESS, 2020). Al mismo tiempo, a los celulares de todo el país llegaba el siguiente mensaje por parte del gobierno: "Sigue las reglas y QUÉDATE EN CASA. Actúa como si tú tuvieras Covid-19. Esto salvará vidas" (Brooks, 2020).

Israel, por su parte, también parece haber seguido la misma línea discursiva teniendo en cuenta que es conocido por ser un país que invierte en ciencia y tecnología. Al momento del anuncio del cierre de fronteras los primeros días de marzo 2020, junto al ministro de salud, el Primer Ministro Benjamín Netanyahu dijo: "Esta no es una decisión fácil. La salud es lo primero. Asegura la economía". Por su lado, el Director de salud Moshe Bar Simon-Tov, agregó: "Israel está haciendo todo lo posible para mantener el control de la situación, y las medidas para restringir la entrada de extranjeros está salvando vidas" (Gadol, 2020).

En el caso de Corea del Sur, sus líderes siguieron al pie de la letra las recomendaciones de la OMS de anticiparse y hacer testeos cuanto antes. A fines de enero 2020 el Ministro de Salud Park Neung Hoo dijo: "Detectar el virus en sus etapas más tempranas es fundamental para poder identificar a las personas que lo tienen y de esa forma poder detener o demorar su expansión" (News, 2020). Y el presidente Moon Jae-in acompañó: "A nivel gubernamental, las medidas preventivas deben ser tomadas de manera suficientemente fuerte y rápida como para ser consideradas como excesivas" (Yonhap, 2020).

El caso de Guatemala, con un presidente médico de profesión, las decisiones tomadas también se enmarcaron en un discurso coincidente con la disciplina. En una entrevista televisada por la CNN en español, Alejandro Giammattei sentenció: "No se trata de reaccionar, sino de accionar antes", mientras explicaba las medidas que estaba tomando el país hacia el virus. (Giammattei, 2020)

En Argentina, el presidente Alberto Fernández decidió priorizar la salud. Al momento de anunciar el confinamiento total y obligatorio el 20 de marzo dijo: "Las opciones son cuidar la economía o cuidar la vida, elegí cuidar las vidas". En conferencia de prensa del mes de abril de 2020 dijo: "Yo quiero que cada paso que demos hacia adelante sea un acuerdo social, que todos estemos de acuerdo en asumir la cuota de responsabilidad que tenemos de hacer lo que las autoridades sanitarias recomiendan" (Casarosada, 2020).

1.2 Discurso de subestimación del virus

Este grupo está integrado por aquellos que por distintas razones no tomaron seriamente la amenaza del Covid-19.

Comenzando por los Estados Unidos, cuyo presidente Donald Trump dijo que su país no fue hecho para ser cerrado y que esperaba tener el país abierto y listo para Semana Santa (Pardo, 2020). Por twitter aseguró que el remedio no podía ser peor que la enfermedad. A principios de marzo de 2020 en la cadena Fox News contradijo la tasa de mortalidad informada por la OMS diciendo: "Bueno, creo que el 3,4% es realmente un número falso". "Ahora bien, esto es solo mi opinión, pero basada en muchas conversaciones con mucha gente implicada, muchos de los contagios serán muy leves. Se mejorarán muy rápidamente. Y ni siquiera verán a un médico" (Fox News, 2020).

Jair Bolsonaro, presidente de Brasil, por su parte, insistió que "Brasil no puede parar" y realizó declaraciones minimizando la seriedad del virus: "En mi caso particular, en el caso de que fuera contagiado, no me preocuparía porque sería una gripecita, un resfriadito". "También está el tema del coronavirus que, en mi opinión, está sobredimensionado el poder destructivo de este virus" (Folha de Sao Paulo, 2020). Incluso realizó manifestaciones contra los confinamientos establecidos por los mandatarios de distintos estados de su país (Nejamkis, 2020).

En el caso del Reino Unido, en un primer momento el gobierno británico apostó por la teoría de la "inmunidad colectiva", una estrategia defendida por el asesor científico de la Administración Johnson, Patrick Vallance, el cual sostenía que un 60% de la población británica debería contagiarse para así conseguir la inmunidad y poder controlar el virus a largo plazo (Atalyaar, 2020). Incluso en conferencia de prensa el 3 de marzo el mismo Boris Johnson dijo que había estado en el hospital y le había dado la mano a todo el mundo. Más adelante, al momento de comunicar la inyección de una gran suma de dinero para las personas afectadas por el virus, anunció: "Debemos actuar como lo haría cualquier gobierno en tiempo de guerra y hacer todo lo que haga falta para apoyar nuestra economía" (Miguel R. D., 2020). Sin embargo, días atrás también había dicho: "Debo sincerarme con ustedes, con el público británico: muchas más familias van a perder a sus seres queridos antes de tiempo", como una consecuencia inevitable (Fresneda, 2020).

En la misma línea, Andrés Manuel López Obrador, presidente de México declaraba a sus ciudadanos el 4 de marzo: "Hay quien dice que por lo de coronavirus no hay que abrazarse. Pero hay que abrazarse, no pasa nada; así. Nada de confrontación, ni de pleitos" (Díaz, 2020). En la gira del fin de semana del 14 de marzo por el estado de Guerrero, el presidente se mostró dando besos, abrazos y saludos de mano a muchas personas de todas las edades. Adicionalmente, cuando ya estaban en la fase 1, publicó un video en el cual instaba a no "apanicarse" frente al virus porque ellos eran descendientes de culturas milenarias y que de una forma u otra iban a salir adelante; decía: "todavía estamos en la primera fase", "yo les voy a decir cuándo no salgan. Pero si pueden hacerlo, y tienen posibilidad económica, pues sigan llevando a la familia a comer, a las fondas, porque eso es fortalecer la economía familiar, popular. No hacemos nada bueno, no ayudamos si nos paralizamos sin ton ni son, de manera exagerada.

Vamos a seguir haciendo la vida normal, y en su momento el presidente les va a decir cuando hay que guardarnos" (LibertadDigital, 2020).

En España, también la subestimación tomó a las autoridades y el 13 de febrero el Ministro de Sanidad Salvador Illa respondió al llamamiento realizado por la Unión Europea al acopio de recursos y materiales sanitarios para evitar posibles falta de insumos, diciendo: "España tiene suficiente suministro y equipos personales de emergencia en este momento". Declaraba además "tenemos un Sistema Nacional de Salud muy potente, robusto, con grandes profesionales y estamos preparados para hacer frente a la situación". Adicionalmente y en referencia al Mobile World Congress, el titular de Sanidad defendía que "no hay razón de salud pública que impida la celebración de eventos de este tipo", "si fuera necesario poner en marcha otras medidas, las tomaríamos en base al criterio de los expertos y al seguimiento diario que estamos haciendo" (Consalud.es, 2020). Un mes después, el 13 de marzo el presidente Pedro Sánchez anunciaba el estado de emergencia en España y exponía: "La declaración del estado de alarma permite movilizar al máximo los recursos, pero la victoria depende de cada uno de nosotros, el heroísmo consiste también en lavarse las manos y en quedarse en casa". Lamentablemente, la medida llegaba con más de 2000 contagiados y cerca de 100 fallecidos (Cué, 2020).

Por su parte Francia, la cual no parecía haber subestimado el virus en el discurso, en la práctica sus medidas y su preparación la ubicó en lugares similares al resto de los países de este grupo. Emmanuel Macron durante una alocución televisada el pasado 13 de abril decía: «¿Estábamos preparados para esta crisis? Ante la evidencia, no lo suficiente (…) El momento, seamos honestos, ha revelado fallos, insuficiencias. Como en todos los países del mundo, nos han faltado blusas de trabajo, guantes, gel hidroalcohólico. No pudimos distribuir tantas mascarillas como hubiéramos querido a nuestro personal médico». Sobre este punto, algunos medios recordaron y reprocharon la política de recorte presupuestario en salud seguida por el presidente en los últimos años. Adicional al último reconocimiento de Macron, y en relación con las elecciones municipales del 15 de marzo cuando el virus estaba instalado, dijo en entrevista concedida al semanario Le Point el pasado 15 de abril: "Asumo totalmente esta decisión", "Si el consejo científico me hubiera dicho que su mantenimiento pondría en peligro la salud de los franceses, no habría mantenido [las elecciones]" (El Confidencial, 2020).

El caso de Italia, aunque tampoco pareció mostrar un discurso de subestimación, es posible que las autoridades se hubieran dejado llevar por información de alguna manera sesgada. Por ejemplo, la autoridad nacional en salud con sede en Roma realizó un análisis de los datos a fin de buscar información útil entre los infectados y muertos con el fin de combatir la propagación de la enfermedad, y el 17 de marzo publicó un estudio que mostraba que más del 99% de los muertos por coronavirus eran personas con afecciones médicas previas. Adicionalmente, la edad media de quienes murieron por el virus en Italia a esa fecha era de 79,5. El estudio en cuestión solo analizó los registros médicos del 18% de las personas que murieron (Lavanguardia, 2020). Cuando el 8 de marzo se estableció el confinamiento obligatorio ya se registraban 233 muertos, de acuerdo con los datos aportados por Ourworldindata.org. A fines de marzo de 2020, cuando ya la pandemia se había llevado la vida de 10.000 compatriotas, el primer ministro italiano Giuseppe Conti dijo: "No pasaré a la historia como quien no asumió la responsabilidad de lo que sucedía a los europeos" (Buj, 2020).

2. Las decisiones tomadas

El lenguaje crea realidades, y los discursos compartidos en el apartado anterior posibilitaron las decisiones y acciones realizadas, y crearon el panorama que cada uno de los países ha venido experimentado. Siguiendo nuevamente el modelo OSAR, todo este accionar en el lenguaje dejó al descubierto un tipo de OOL decisor presente al momento de hablar, hacer sus decisiones y accionar. En aquellos casos donde no fue posible encontrar tal discurso, se mostraron directamente algunas decisiones que también son capaces de mostrar al observador en acción.

A continuación, serán presentados los resultados de la investigación realizada acerca de las decisiones lineales y ecosistémicas, a que cada discurso dio lugar.

2.1 El día 1 y primeras medidas

En primer lugar, será abordada la actitud de cada grupo en relación al día en que cada país registró el primer caso.

Por el lado del primer grupo, más alienado con una mirada ecosistémica de respeto por la salud de los integrantes de sus ecosistemas, no solamente realizaron decisiones necesarias usando experiencia e información disponible y ofreciendo transparencia a la comunidad local e internacional sino que ellas siguieron un criterio de "oportunidad" en relación a la fecha en que los primeros casos fueron detectados, e incluso antes del día 1. Desde la perspectiva ecosistémica, esta "oportunidad" en el actuar se presenta alineada con el respeto por la vida de los ciudadanos y por tanto una decisión ecosistémica. Una diferencia que se presentó dentro de este grupo fue el tipo de estrategia seguida a fin de gestionar la pandemia, el caso de Islandia y Nueva Zelanda siguieron una estrategia de eliminación del virus, frente al resto de los países del grupo que buscaban contener a través de una estrategia de "mitigación".

El segundo grupo, con una mirada más lineal se caracterizó por "no hacer decisiones necesarias", o por hacerlas de manera inoportuna en relación a la fecha de su primer caso de infección. Si bien en este grupo varios de los países recalcularon el camino lo hicieron bastante tarde, cuando los impactos de sus no decisiones iniciales habían cobrado la vida de muchos.

Haciendo una evaluación de la información disponible para cada país en ambos grupos, es posible apreciar una relación bastante directa entre la tasa de mortalidad y el momento en que las primeras medidas fueron tomadas, desde la llegada del virus a cada país o día 1.

En la siguiente tabla se realiza una comparativa de fechas entre el día 1 y las primeras medidas dispuestas por los 14 países analizados, con indicación de la cantidad de muertes confirmadas y tasa de mortalidad sobre la población. La información recabada al 27 de julio de 2020 fue ordenada por la diferencia de días entre ambas fechas, dejando en claro el factor "oportunidad" como un factor decisivo.

Oportunidad						
Paises	Grupo	Dia 1 (1)	Primeras Medidas (2)	Día 1 / medidas	Muertes (3)	Tasa mortalidad s/ población
Francia	Sebestimó el virus	24/1/2020	17/3/2020	53	30192	0,046%
Reino Unido		31/1/2020	23/3/2020	52	45759	0,067%
EEUU		22/1/2020	12/3/2020	50	149971	0,045%
España		1/2/2020	14/3/2020	42	28432	0,061%
Italia		31/1/2020	8/3/2020	37	35112	0,058%
Brasil		26/2/2020	24/3/2020	27	87131	0,041%
México		28/2/2020	20/3/2020	21	43680	0,034%
N. Zelanda	Siguió recomendaciones médicas	28/2/2020	14/3/2020	15	22	0,000%
Argentina		3/3/2020	16/3/2020	13	2956	0,007%
Israel		21/2/2020	21/2/2020	0	473	0,005%
Guatemala		14/3/2020	5/3/2020	-9	1734	0,010%
Corea del Sur		22/1/2020	5/1/2020	-17	299	0,001%
Alemania		27/1/2020	6/1/2020	-21	9203	0,011%
Islandia		28/2/2020	28/1/2020	-31	10	0,003%

(1) Datos extraídos de https://www.covidvisualizer.com/

(2) Datos extraídos de diferentes artículos - Ver referencias al final

(3) Datos extraídos de https://www.worldometers.info/coronavirus/

El siguiente gráfico arroja una mejor visibilidad sobre cómo la oportunidad de las decisiones, como estrategia ecosistémica ha tenido un impacto significativo en la tasa de mortalidad de ambos grupos.

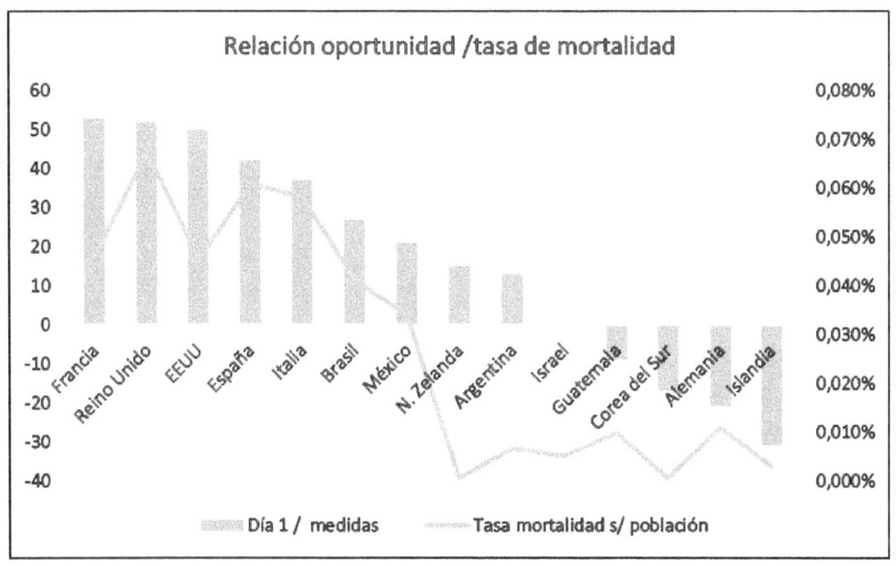

2.2 Realización de testeos

Adicional a la oportunidad de las decisiones, el contenido de las decisiones realizadas también ha tenido impactos y consecuencias. A nivel de las estrategias, también hay diferencias entre ambos grupos; por un lado, los que decidieron testeos masivos y por otro, los que decidieron testear solo a la población con síntomas.

El grupo de los que siguieron recomendaciones médicas con una mirada más ecosistémica entendieron que la única manera de detectar a los infectados, los focos de contagio y evitar la propagación, era ejercer proactividad y testear masivamente. Las excepciones fueron Argentina y Guatemala. El grupo de los que subestimaron el virus, también siguiendo su tendencia lineal y reactiva, cuando tomaron enserio la amenaza y en algunos casos decidieron reencausar la manera de gestionar la pandemia, eligieron testear a la población con síntomas. Algunos de ellos, aún más tarde, decidieron hacer testeos más masivos. Seguidamente daremos una mirada a la información recabada ofreciendo algunas relaciones

Testeos Masivo Vs Testeos a población con síntomas

En la tabla a continuación se compiló la información acorde con la estrategia utilizada por cada país y se la ordenó en base a la tasa de mortalidad calculada al 27 de julio de 2020.

Tal como se puede apreciar, esta relación muestra que aquellos que eligieron de manera ecosistémica, tanto en cuanto a oportunidad como en cuanto a la elección de pruebas masivas, la tasa de mortalidad a la fecha del análisis es significativamente inferior a la de aquellos que optaron por testeos no masivos.

Testeos masivos Vs Testeos a población con sintomáticos

País	Tipo de test	Dia 1 (1)	Primeros testeo aprox. (2)(3)	Dias	Test x millón de habitantes (4)	Muertes (4)	Infectados (4)	Población (4)	Tasa de mortalidad s/ población total
Alemania	Testos masivos y gratuitos	27/1/2020	15/3/2020	48	88.527	9.203	207.024	83.803.229	0,011%
Israel		21/2/2020	23/3/2020	31	179.587	473	62.626	9.197.590	0,005%
Islandia		28/2/2020	4/2/2020	-24	367.643	10	1.847	341.399	0,003%
Corea del Sur		22/1/2020	20/2/2020	29	29.782	299	14.175	51.272.411	0,001%
N.Zelanda		28/2/2020	15/3/2020	16	91.207	22	1.556	5.002.100	0,0004%
Argentina	Testeos a sintomáticos	3/3/2020	1/4/2020	29	14.322	2.956	162.526	45.224.432	0,007%
Guatemala		14/3/2020	1/4/2020	18	7.833	1.734	45.053	17.936.925	0,010%
México		28/2/2020	22/3/2020	23	7.118	43.680	390.516	129.025.472	0,034%
Brasil		26/2/2020	21/4/2020	55	59.253	87.131	2.423.798	212.665.350	0,041%
EEUU		22/1/2020	17/3/2020	55	164.217	149.971	4.392.720	331.139.904	0,045%
Francia		24/1/2020	14/4/2020	81	45.682	30.192	180.528	65.283.977	0,046%
Italia		31/1/2020	1/3/2020	30	108.942	35.112	246.286	60.455.229	0,058%
España (**)		1/2/2020	14/3/2020	42	135.187	28.432	319.501	46.756.106	0,061%
Reino Unido		31/1/2020	31/3/2020	60	217.848	45.759	300.111	67.911.333	0,067%

(1) Datos extraídos de https://www.covidvisualizer.com/

(2) Datos extraídos de https://ourworldindata.org/

(3) https://www.covid.is/data

(4) Datos extraídos de https://www.worldometers.info/coronavirus/

(**) La fecha de primeros aproximada en base a artículos

Una mejor visualización de la relación expresada entre el tipo de test y la tasa de mortalidad se puede apreciar en el siguiente gráfico.

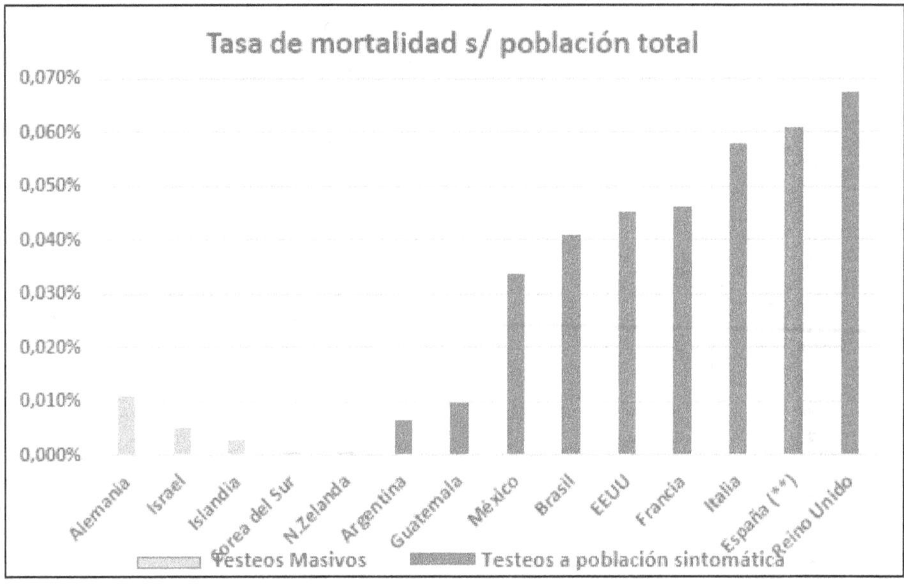

Relación oportunidad de inicio de testeos masivos y cantidad de muertes

Una vez más, al mirar los datos con intención de encontrar correlaciones, surge el factor "oportunidad" jugando su rol en los impactos y consecuencias. En el caso de Alemania, es notorio que su decisión de testear masivamente fue, en un principio, ecosistémica; sin embargo, la falta de oportunidad de inicio de testeos terminó por convertirla en una decisión lineal. Es posible que la conjunción de demora y otros factores y medidas lineales, hubieran contribuido con la cantidad de muertes registradas.

A continuación, se muestra la información compilada sobre este grupo, ordenada en base a los días de demora entre el día 1 y la fecha en que comenzaron a realizarse los test. Es necesario aclarar y tener en cuenta que esta última fecha, si bien extraída de las mismas fuentes, depende de lo reportado por cada país, y aquí podría haber menos exactitud en cuanto a cuándo los testeos masivos se iniciaron. Como se puede apreciar en la tabla debajo, la máxima demora la registra Alemania con 48 días, en contraposición con Islandia que comenzó con 27 días de anticipación, el testeo de la población.

Oportunidad - Testeos masivos - Testeos a sintomáticos												
Grupo que sigue recomendaciones médicas	Tipo de test	Día 1 (1)	Primeros testeo aprox. (2)(3)	Días	Test x millón de habitantes (4)	Muertes (4)	Infectados (4)	Total testeos (4)	% testeos/ población	Población (4)	Tasa de mortalidad s/ población total	Tasa de mortalidad s/ infectados
Alemania	Testos masivos y gratuitos	27/1/2020	15/3/2020	48	88.527	9.203	207.024	7.418.812	8.85%	83.803.229	0,011%	4.45%
Israel		21/2/2020	23/3/2020	31	179.587	473	62.626	1.651.766	17.96%	9.197.590	0,005%	0.76%
Corea del Sur		22/1/2020	15/2/2020	24	29.782	299	14.175	1.526.974	2.98%	51.272.411	0,001%	2.11%
N.Zelanda		28/2/2020	15/3/2020	16	91.207	22	1.556	456.227	9.12%	5.002.100	0,0004%	1.41%
Islandia		28/2/2020	4/2/2020	-24	367.643	10	1.847	125.513	36.76%	341.399	0,003%	0.54%
Argentina	Testeos a sintomáticos	3/3/2020	1/4/2020	29	14.322	2.956	162.526	647.714	1.43%	45.224.432	0,007%	1.82%
Guatemala		14/3/2020	1/4/2020	18	7.833	1.734	45.053	140.501	0.78%	17.936.925	0,010%	3.85%

(1) Datos extraídos de https://www.covidvisualizer.com/

(2) Datos extraídos de https://ourworldindata.org/

(3) https://www.covid.is/data

(4) Datos extraídos de https://www.worldometers.info/coronavirus/

Los siguientes gráficos muestran la influencia que la demora parece haber tenido sobre la cantidad absoluta de muertes e infectados. Dado que Argentina y Guatemala no realizaron testeos masivos, fueron eliminados del grupo para realizar esta comparación.

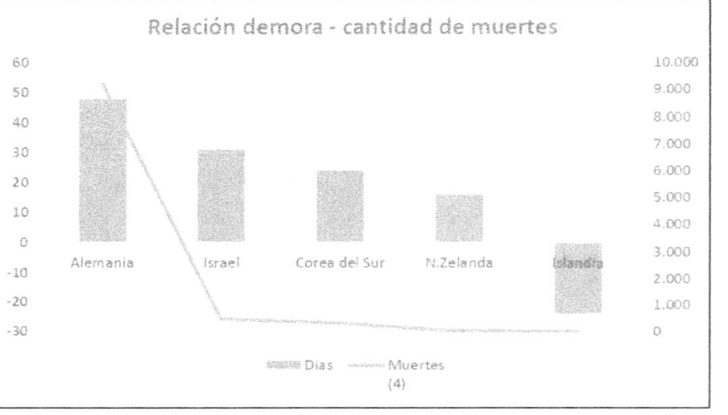

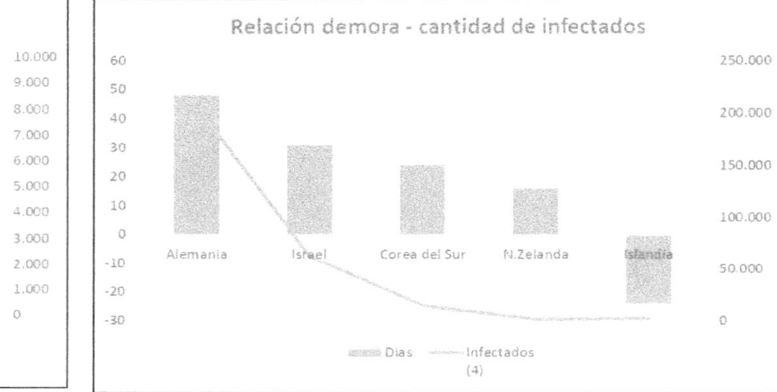

Relación cantidad de tests por millón de habitantes y tasa de mortalidad del grupo que siguió recomendaciones médicas

Otro dato que podría pensarse como de una marcada influencia en la tasa de mortalidad es la cantidad de testeos por millón de habitantes que cada país realizó; tal parece que la mejor combinación de demora y cantidad de testeos la logró Corea del Sur, tal como se muestra en el siguiente gráfico.

En el caso de Alemania con una demora significativa en el inicio de las pruebas y una cantidad de pruebas por millón de habitantes similar a la de Nueva Zelanda, pero con mucha mayor población, el efecto pudo haberse trasladado no solo a la cantidad de muertes absolutas sino también a la tasa de mortalidad.

En los casos de Argentina y Guatemala, los tests no fueron masivos sino a población sintomática, y eso explicaría una tasa de mortalidad más elevada siendo parte del grupo que siguió recomendaciones médicas y dio inicialmente respuesta oportuna a la crisis. Parece aún más evidente cómo esta decisión lineal de no testear masivamente tuvo el poder de opacar las mejores decisiones ecosistémicas.

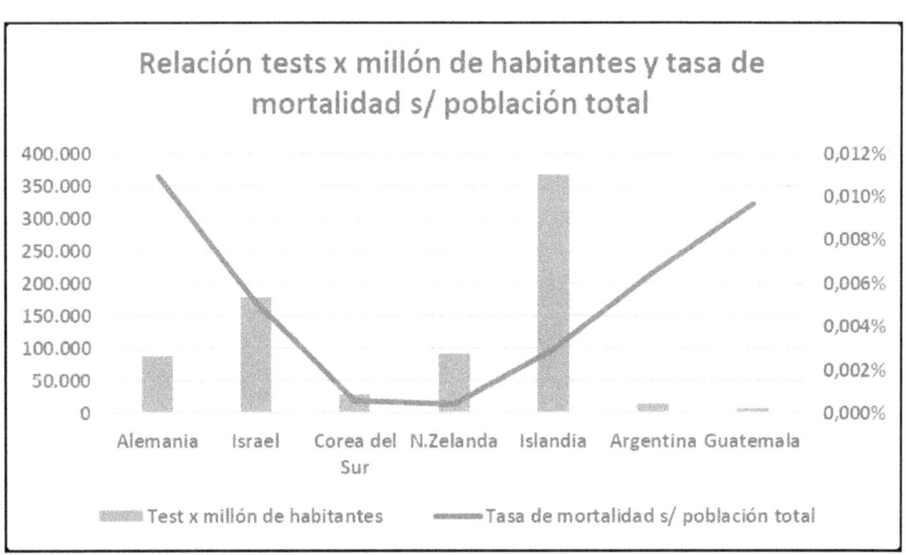

2.3 Confinamiento total o distanciamiento social

Otra decisión objeto de esta investigación que los países estudiados realizaron fue disponer el confinamiento obligatorio de los habitantes o recomendar el distanciamiento social. Evaluando dichas medidas a la luz de la perspectiva ecosistémica podría decirse que el confinamiento tuvo por objeto respetar la vida de las personas por la vía de evitar la propagación del virus; tomada como una medida de excepción y transitoria frente a la crisis será calificada como ecosistémica. Sin embargo, cuando el confinamiento no estuvo acompañado de testeos masivos, la ventana de oportunidad que da el encierro para detectar enfermos, focos de contagio y tratamiento, se pierde frente a la linealidad de los testeos reactivos. Todos los países analizados que dispusieron confinamiento obligatorio lo hicieron por un período no superior a 60 días, excepto el caso de Argentina que al 17 de agosto lleva más de 120 días, y con ello, la medida ya no podría ser calificada como "de excepción" y por tanto, ecosistémica.

Por el lado del distanciamiento social, diremos que se trata de una medida lineal simplemente porque como medida de gobierno no aprovecha la oportunidad temporal de evitar el contagio mientras testea, detecta enfermos, focos de infección y trata a los contagiados. Es claro que esta decisión necesita ser evaluada en conjunto con las demás, por ejemplo, si miramos el caso de Islandia, el haber realizado una gran cantidad de pruebas a la población le permitió tener una muy baja tasa de mortalidad sin haber dispuesto el confinamiento obligatorio. Otro ejemplo es el de Corea del Sur, el cual solo dispuso distanciamiento social mientras realizaba testeos masivos, logrando la mejor combinación según se mostró en el gráfico y tabla anteriores.

2.4 Seguimiento a través del uso de aplicaciones móviles y geolocalización

Otra decisión tomada por alguno de los países estudiados fue el uso de aplicaciones móviles para identificar contagiados, sistemas de geolocalización y cámaras de seguridad para realizar la trazabilidad de los enfermos y encontrar focos infecciosos con el fin de evitar la propagación de la enfermedad. Varias de estas medidas han sido cuestionadas por organismos defensores de los Derechos Humanos.

Uno de los países que hizo uso extensivo de las tecnologías de información y comunicación ha sido Corea del Sur, que dotó a una fuerza de trabajo de centenares de oficiales de inteligencia epidemiológica con una gran variedad de fuentes de información. Según el informe que el gobierno de ese país publicó el 11 de mayo de 2020, ha utilizado aplicaciones con varias finalidades; por un lado, aquellas que sirven para auto diagnóstico de salud (Self-health checkAPP) con miras a prevenir la importación del COVID-19, monitoreando los síntomas de viajeros que entraban al país. Por ejemplo, desde el 12 de febrero los provenientes de China y desde el 1 de abril todos los pasajeros entrantes deben instalar la aplicación en el punto de ingreso; deben reportar una vez al día condiciones de salud como temperatura corporal, tos, dolor de garganta o dificultad al respirar, por el período de 14 días que dura su cuarentena.

Otra aplicación ha sido utilizada para los individuos en auto cuarentena (*Self-quarantine Safety*) y permite que el mismo usuario chequee sus condiciones y haga un auto diagnóstico; adicionalmente, la aplicación asegura que se cumpla el confinamiento mediante una alarma que se dispara cuando el usuario sale del área de cuarentena. La misma soporta tres idiomas (coreano, inglés y chino) y los usuarios deben proveer la ubicación y otra información personal; inicialmente su instalación fue voluntaria para aquellos que vivían en Corea, dando consentimiento para proveer ubicación e información personal. Sin embargo, desde el 1 de abril, dado el crecimiento de los casos, todos los viajeros entrantes incluyendo a los nacionales deben descargar la aplicación. Los que están en cuarentena deben usarla dos veces por día para monitorearse a sí mismos.

Corea del Sur ha realizado el proceso de investigación epidemiológica basado en información y regulado por una ley especial que el informe llama "Infectious Disease Control and Prevention Act (IDCP Act)". El rastreo del contacto con individuos enfermos es asumido como una parte importante de la investigación que tiene cuatro fases: investigación, gestión de la exposición al riesgo, clasificación del contacto y gestión del contacto. La información requerida durante todo el proceso es recolectada y usada dentro del alcance permitido por la mencionada ley. Durante la primera fase se recoge información básica incluyendo el paradero del paciente durante un cierto tiempo, a través de entrevistas con el paciente, familia o cuidadores; si se necesita información adicional, se usa información objetiva extraída de registros médicos, GPS del celular, transacciones con tarjetas de crédito o imágenes de video de seguridad.

La plataforma de soporte de investigación epidemiológica usa tres compañías de telecomunicaciones y veintidós tarjetas de crédito, a fin de identificar fácilmente las rutas de transmisión y lugares que los infectados visitaron usando análisis de datos en tiempo real y según expresa el informe, opera de manera estricta a fin de proteger la privacidad con un alcance de recolección mantenido al mínimo. Para hacer uso de los datos, los investigadores epidemiológicos deben pedir aprobación de autoridades pertinentes y solo cuando existe una clara necesidad de obtener información personal. Por ejemplo, se debe pedir permiso por separado para acceder a la información de ubicación. A fin de proteger la información recogida, el acceso a la plataforma es concedido a unos pocos oficiales con niveles de accesos diferenciados según sus funciones y se monitorea la actividad de los usuarios con acceso. Adicionalmente, la plataforma es ejecutada en una red privada a fin de protegerla de ataques cibernéticos, e implementando tecnologías de seguridad avanzadas. La plataforma estaría operada de manera interina y todos los datos personales guardados serían borrados una vez se haya completado la respuesta del estado a la crisis.

El extracto ha sido presentado con cierto detalle a fin de tener los fundamentos para determinar hasta qué punto la decisión del uso de estas aplicaciones puede ser considerada una decisión ecosistémica, teniendo en cuenta que hacen captura, uso y monitoreo de la actividad y datos de los individuos. A primera vista, no lo parece. Mirando un poco más de cerca, este país ha dictado una ley para el manejo de epidemias que contempla expresamente el uso de información confidencial en casos de crisis; siendo una república democrática se trataría de una ley votada en las mismas condiciones y existente con anterioridad al COVID-19. Adicionalmente, es temporal y se aprecia transparencia hacia el ecosistema –los ciudadanos y visitantes– en relación a las reglas de utilización y protección de la información confidencial. Desde este punto de vista podría ser considerada ecosistémica dentro de Corea.

El segundo de los países analizados que ha utilizado estas tecnologías es Israel; este caso tuvo cierta repercusión debido a que el gobierno autorizó el uso de la aplicación Shin Bet que fue un sistema secreto ampliamente usado para monitorear el terrorismo. Según un artículo publicado el 6 de julio de 2020 (Shwartz, T. & Aridor, R) la suprema corte de ese país había frenado durante el mes de abril, el uso de la aplicación entendiendo que la legislatura del país necesitaba dictar una ley para darle al programa una base legal. Posteriormente, a fin de junio se concedió una autorización de tres semanas para usarlo. Los argumentos del gobierno proponían su necesidad sobre la base de la imposibilidad de ejecutar cientos de investigaciones epidemiológicas en poco tiempo, debido a que, muchas veces, los pacientes no podían recordar exactamente su paradero y entonces no se podía identificar quiénes habían estado en contacto con alguien infectado, en lugares con mucho público como un bus o una sinagoga. De la misma forma, insistían que el uso de aplicaciones voluntarios era inútil teniendo en cuenta que la comunidad ortodoxa no usa Smartphones. En esta situación, comenta el artículo, el gobierno justifica usar una aplicación centralizada y obligatoria e infringir inevitablemente la privacidad, como de poca importancia.

A partir de su puesta en funcionamiento, el ministerio de salud de Israel provee a la aplicación Shin Bet con ciertos datos de pacientes diagnosticados efectivamente con Covid-19, como el nombre, número de ID y celular, a fin de identificar a aquellos que estuvieron dentro de los dos metros de distancia del paciente, por al menos quince minutos durante las dos semanas previas al diagnóstico. Esto lo hace a través de una base de datos clasificada que ha existido en el país desde hace dieciocho años conocida como "la herramienta", la cual colecta datos desde los proveedores celulares y de telefonía. Los datos refieren a la localización del dispositivo, la zona del celular y de la antena a la cual está conectado, cada llamada de voz y mensaje de texto enviado o recibido y el historial de internet del teléfono. Según el artículo, el programa barre la metadata e informa al gobierno sobre llamadas, textos y sitios visitados, pero no su contenido. En base a esta información, el ministerio en cuestión envía un mensaje de texto a aquellos identificados informando que deben entrar en cuarentena.

Al parecer el uso de esta herramienta está dispuesto por las regulaciones de Shin Bet y de otras regulaciones confidenciales establecidas a partir de aquellas; no existen cuerpos externos e independientes que monitorean su uso ni ningún requerimiento de aprobación para ser usada. La información que colecta la herramienta es guardada por un período desconocido y las reglas acerca de cómo es almacenada, protegida y borrada son *top secret*. El artículo comenta que, hasta el momento en que se hizo presente la pandemia, la existencia de esta herramienta era un secreto y pocos miembros de las altas esferas la conocían. Su existencia debió ser revelada ante la necesidad de rastrear la propagación de COVID-19.

En cuanto al sentimiento público en relación a esta herramienta, el artículo expresa que, en general, los israelíes confían en las fuerzas militares y otras agencias de seguridad y por eso han mostrado ecuanimidad en la aceptación de Shin Bet para la trazabilidad del contacto.

Mirando la decisión del gobierno israelí desde la perspectiva ecosistémica, se aprecia una menor transparencia hacia el ecosistema, no solo por su existencia desconocida sino básicamente por no hacer pública las reglas acerca del uso y protección de información confidencial. Desde este punto de vista, parecería una medida lineal, aunque los ciudadanos la hayan aceptado.

Otro país que ha utilizado aplicaciones para rastrear los contagios es Islandia. Tiene un website dedicado exclusivamente a Covid-19 y una de sus entradas dedicadas a brindar visibilidad acerca de la aplicación. Con un título que expresa "Únete al equipo de rastreo. El rastreo del contagio es un asunto comunitario. Sé un fuerte eslabón en la cadena" el gobierno quiere persuadir a los ciudadanos a tomar responsabilidad por el tema. La aplicación es completamente voluntaria, incluso para los viajeros a quienes se les pide y anima a descargarla y usarla. La ubicación del usuario es guardada en el teléfono y nadie puede acceder a ella. En caso de que el Equipo de Rastreo de Contacto precise de la asistencia del usuario para rastrear contagios, le envía una solicitud para que transmita la información; si la persona está de acuerdo entonces los datos enviados son almacenados en la base de datos por 14 días. La aplicación deja de rastrear la ubicación del usuario si es borrada del dispositivo, al igual que se borra la información de la ubicación del individuo; al mismo tiempo el sitio declara que la recolección de datos sigue estrictos estándares de privacidad.

Es interesante resaltar cómo el discurso da vida a decisiones, teniendo en cuenta lo expresado por la primer ministro del país en relación a la estrategia de trazabilidad; ella sostuvo que, en una democracia liberal, como la de su país, se discutió mucho el tema y se decidió que el uso de la aplicación fuera opcional, la gente podía o no usar la aplicación; si lo hacía, los datos luego debían ser borrados y no pueden ser usados para otros fines (Jakobsdóttir, 2020). Desde una mirada ecosistémica, se podría decir que esta aplicación no solo es transparente para el ecosistema sino deja el poder de elección en el ciudadano.

2.5 Consecuencias ecosistémicas

Queda claro que las medidas estudiadas aquí no son las únicas que estos países han realizado y han contribuido con los impactos y consecuencias dentro de sus ecosistemas y en su relación con el ecosistema global. Por ejemplo, el cierre de fronteras fue dispuesto por todos los países del primer grupo con excepción de Coreal del Sur, a fin de detener las fuentes de contagio por el lado de los viajeros. Tampoco lo hicieron Estados Unidos, México y Reino Unido siguiendo, de alguna manera, la impronta lineal demostrada en la gestión de la crisis.

A continuación, se resume por cada país estudiado las principales decisiones realizadas al 23/04/2020, decisiones que ya fueron comentadas y evaluadas en cuanto a su calificación como lineal o ecosistémica y las consecuencias que en conjunto trajeron a cada país en cantidad de muertes y contagios. En el cuadro se pintan en verde oscuro aquellas decisiones ecosistémicas y en verde claro las que aun pudiendo haberlo sido, no lo lograron por falta de transparencia o de oportunidad. En amarillo, las decisiones lineales y en marrón, las "no decisiones" y por tanto también lineales. Parecería que el impacto de haber realizado una mayor cantidad de decisiones ecosistémicas se ve reflejados en una menor cantidad absoluta de muertes.

País	Seguir recomendaciones médicas	Oportunidad Medidas (hasta 15 días post Día 1)	Oportunidad testeos (*) (Hasta 30 días post día 1)	Testeos		Confinamiento total (hasta 60 días + testeos masivos)	Distanciamiento social y/o confinamiento a enfermos	Cierre de fronteras	Uso de aplicaciones de rasteo de contacto desde el inicio	Muertes	Infectados
				Apoblación con síntomas	Masivos						
EEUU										149.971	4.392.720
Brasil										87.131	2.423.798
Reino Unido										45.759	300.111
México										43.680	390.516
Italia										35.112	245.286
Francia										30.192	180.528
España										28.432	319.501
Alemania										9.203	207.024
Argentina										2.956	162.526
Guatemala										1.734	45.053
Israel										473	62.626
Corea del Sur										299	14.175
N.Zelanda										22	1.556
islandia										10	1.847

(*) solo aplicable a grupo que siguió recomendaciones médicas

Decisión ecosistémica
Decisión lineal
No decisión (decisión lineal)
Decisión sin transparencia u oportunidad (decisión lineal)

La economía

Una vez más, la gestión adecuada de la oportunidad será un indicador de las consecuencias económicas que cada país ha empezado a visualizar. Evidentemente, la decisión ecosistémica no radicó en priorizar la salud y seguir recomendaciones médicas, sino en haber sido oportunos a la hora de hacer las decisiones. No obstante, se prevén para todos consecuencias sobre la economía, incluso para aquellos que decidieron priorizar la economía por sobre la salud, los cuales suman al impacto de muerte en sus poblaciones, los impactos en sus resultados económicos. Esto se puede observar en las proyecciones económicas realizadas por distintos organismos.

El Banco Mundial en un comunicado de prensa del 8 de junio de 2020 publicó el informe Perspectivas Económicas Mundiales, y expresó que el impacto generalizado e inesperado de la pandemia en conjunto con las medidas de suspensión de actividades han ocasionado una contracción de la economía mundial y que, según sus previsiones, sería del 5,2% este año. Avizoran de esta forma, la peor recisión desde la Segunda Guerra Mundial y la primera vez, desde 1870, que tantas economías juntas podrían experimentar una disminución del producto per cápita. En el caso de las economías avanzadas la contracción sería del 7% en 2020 y en el caso de los mercados emergentes y las economías en desarrollo (MEED) de un 2,5% este año y su primera contracción como grupo en al menos 60 años. También prevé una disminución de los ingresos per cápita, de un 3,6%, que podría llevar a millones de personas a la pobreza extrema también en 2020.

El informe expresa que los efectos están siendo especialmente profundos en aquellos países más afectados por la pandemia y que dependen en gran medida del comercio internacional, el turismo, las exportaciones de productos básicos y el financiamiento externo.

Expresa que, una vez que las medidas de mitigación tomadas puedan levantarse en las economías avanzadas a mediados de año y los MEED un poco más tarde, las repercusiones negativas podrían perder intensidad. Si las perturbaciones a los mercados financieros no se prolongan en el tiempo, el crecimiento mundial podría repuntar un 4,2% en 2021, un 3,9% para las economías avanzadas y un 4,6% para los MEED. No obstante, las perspectivas serían inciertas y existen riesgos de que la situación empeore.

3. Conclusiones

Este libro trató básicamente de mostrar al decisor detrás de las decisiones, de las acciones y de los impactos y consecuencias; en suma, al decisor detrás del riesgo. Ese decisor es un OOL funcionando, en muchos casos, como un gran heurístico y regla programada a partir de los aprendizajes que su cerebro ha realizado, tanto desde el punto de vista genético como social. Esos aprendizajes sociales incluyen los llamados paradigmas culturales metafísicos, humanista y resultadista, los cuales parecen haberse visto plenamente en acción durante la crisis de Covid-19.

Los OOL decisores de los países que más medidas lineales tomaron no pudieron ver el riesgo que la "oportunidad" estaba mostrando, posiblemente porque no pudieron salir de la transparencia en que el paradigma resultadista los tiene atrapados, o no pudieron librarse de la necesidad metafísica de que la "realidad" siga siendo lo que era y de la atadura a las "maneras habituales de hacer las cosas".

El cerebro humano que le ha permitido ponerse en la cima de la evolución, hoy le ha jugado una mala pasada con su manera de funcionar; tal parece este un buen momento para la reflexión, para mirar lo que se hizo y lo que no, lo que pudo haberse hecho mejor y aprender de la experiencia. Usar el riesgo para redefinir la estrategia a partir de la cual gobierna la vida y la muerte de su gente.

Hoy más que nunca ha quedado claro lo importante de "conocerse" desde un plano biológico, de aprender a dudar de sí mismo al momento de hacer una decisión, de parar y observarse en su funcionamiento heurístico y de poner a prueba la propia capacidad para aprender la ética ecosistémica.

Buenos Aires, 20 de agosto de 2020

Referencias bibliográficas

Araujo, C. (2000). Capítulo X. Bentham: el utilitarismo y la filosofía política moderna, en *La filosofía política moderna. De Hobbes a Marx* (pp. 269-288). Buenos Aires: CLACSO.

Arendt, H. (2007). *Responsabilidad y juicio.* España: Paidós. Descargado de http://biblioteca.clacso.edu.ar/clacso/se/20100609023007/11cap10.pdf

Austin, J (1962). *How to do things with words.* The William James Lectures delivered at Harvard University 1955. UK: Oxford University Press, Amen House, London.

Begon, M., Towsend, C. & Harper, J. (2006). *Ecology. From individuals to ecosystems.* USA, UK, Australia: Blackwell Publishing.

Belzung, C. & Wigmore, P. editors (2013). *Current topics in behavioral neurosciences.* Vol. 15. Alemania: Springer-Verlag Berlin Heidelberg.

Benome, M. (2009). *La racionalidad en la toma de decisiones: análisis de la teoría de la decisión de Herbert A. Simon.* Spain: Netbiblo S. L.

Carrizo, R. (2017). "El castillo" en *Incursiones Ontológicas V.* Newfield Consulting. Enero 2018.

Casares, I. & Lizarzaburu, E. (2016). *Introducción a la gestión integral de riesgos empresariales.* Enfoque: ISO 31000. Perú: Platinum Editorial S.A.C

Darwin, C. (1872). *The expression of emotions in man and animals.* U.K: John Murray

Dawkins, R. (1976). *The selfish gene.* United States: OUP.

Drucker, P. (1986). *Management: tasks, responsibilities, practices.* U.S.A. Truman Talley Books, E.P. Dutton.

Drucker, P. (1989). *El ejecutivo Eficaz.* España: EDHASA

Dunbar, R. (1996). *Grooming, gossip, and the evolution of language.* U.S.A.: by arrangement with Faber and Faber Limited, UK.

Echeverría, R. (2005). *Ontología del lenguaje.* Chile: Lom Ediciones.

(______) (2015). *Por la senda del pensar ontológico.* Chile: Jose C Saez.

(______) (2011). *Mi Nietzsche.* Argentina: Color Efe.

(_____) (2013). *El Observador y su mundo*. Volumen I. Argentina: Color Efe

Foucault, M. (1984). *Cómo se ejerce el poder*. El artículo original en francés fue publicado en Hubert Dreyfus, Paul Rabinow y Michel Foucault. Un Parcours Philosophique. Francia: Editions Gallimard.

Gambra, R. (2014). *Historia sencilla de la filosofía*. España: Ediciones Rialp S. A

Glimcher, P & Fehr, E. (2014). *A Brief history of neuroeconomics, in neuroeconomics* (Second Edition). U.S.A: Academic Press.

Guerra, M. (1999). *Historia de las religiones*. Madrid: Biblioteca de Autores Cristianos.

Hammerich, K. & Lewis, R. (2013). *Fish Can't See Water: How National Culture Can Make or Break Your Corporate Strategy*. USA: John Wiley & Sons.

Han, B. (2017). *La expulsión de lo distinto*. Argentina: Talleres Gráficos Leograff S.R.L.

Harari, Y. (2014). *De animales a dioses. Breve historia de la humanidad*. España: Penguin Random House Grupo Editorial, S. A. U.

Harari, Y. (2015). *Homo Deus*. Editor digital: Titivillus. ePub base r1.2

Heidegger, M. (1926). *Ser y Tiempo*. Ed. Digital Trivilius (2015). Trad. Jorge Eduardo Rivera (1995).

Heisenberg, W. (1958). *Física y Filosofía*. Editor digital: Antwan ePub base r1.0.

Kirk, Raven & Schodfield (1957). *Los filósofos presocráticos*. Versión española de Jesús García Fernández 2da. Ed. 1983. España: Editorial Gredos.

Mach, E (1919). *The Science of Mechanics. A Critical and Historical Account of its Development*. Traducción del alemán por Thomas J. Mccormack. USA: The Open Court Publishing Co.

Maturana, H (1995). "La Realidad: ¿Objetiva o Construida? I" en *Fundamentos Biológico del Conocimiento*. España: Edim.

(_____) (1996). "La Realidad: ¿Objetiva o Construida? II" en *Fundamentos Biológico del Conocimiento*. España: Edim.

(_____) (2007). *Transformación en la convivencia*. Chile: Comunicaciones Noreste Ltda.

(_____) (1985). *Emociones y lenguaje en Educación y Política*. Chile: J. C. Sáez Editor.

Maturana, H. & Dávila, X. (2008). *Habitar humano en seis ensayos de biología-cultural*. Chile: J.C. Sáez.

Mayr. E. (1997). *This is Biology. The Science of the Living World*. U.S.A: Harvard University Press.

Melich, J.C (2012). *Filosofía de la Finitud.* España: Herder

Méndez, C. et Al. (2016). *A fast pathway for fear in human amygdala.* Nature Neuroscience, 13 de junio de 2016. DOI: 10.1038/nn.4324.

Ocampo, A. et al. (2008). *Responsabilidad social, sustentabilidad y medio ambiente.* España: Servicios Académicos Intercontinentales para eumed.net. Universidad de Málaga.

Renn, O. & Rhormann, B. (2000). *Cross-Cultural Risk Perception. A Survey of Empirical Studies.* USA: Springer Science+Business Media Dordrecht

Rosnay. J de (1977). *El Macroscopio: hacia una visión global.* España: Editorial AC

Schein, Edgar H. (2010). *Organizational Culture and Leadership.* 4ª Edition. U.S.A.: Jossey Bass a Weley Imprint.

Senge, P. (2006). *The Fifth Discipline. The art & practice of the learning organization.* U.S.A.: Doubleday, a division of Ramdom House Inc.

Simon, H. (1957). *Administrative behavior. A Study of Decision-Making Processes in Administrative Organization.* U.S.A.: The Free Press. UK: Collier- Macmillian Limited.

Solomon, R, (1999). *A Better Way to Think about Business: How personal integrity Leads to Corporate Success.* United States: Oxford University Press.

Watson, J. (1930). *Behavorism.* United States: Kegan Paul, Trench, Trubner & Co., Ltd.

Wilson, E. (1979). *Sociobiology. The abridged edition.* United States & England: The Belknap press of Harvard University Press.

(_____) (2014). *The meaning of human existence.* U.S.A.: Liveright Publishing Corporation.

(_____) (2019). *Genesis: the deep origin of societies.* U.S.A.: Liveright Publishing Corporation.

(_____) (1978). *On Human Nature.* U.S.A.: Harvard University Press.

Zillman, D. (1994). "Cognition-Excitation Interdependencies in the Escalation of Anger and Angry Aggression" en Michael Potegal y John Knutson, *The Dynamics of Aggression Biological and Social Processes in Dyads and Groups.* UK: Lawrence Erlbaum Associates.

Artículos y material de internet

Allan, N & Beer, L. (2006). "Strategic Risk. It's all in your head" University of Bath, School of Management. Descargado de: https://www.researchgate.net/publication/251746563_Strategic_Risk_It's_all_in_your_head

Alvarez, C. (2002). "Las diferentes concepciones de la muerte en las principales culturas de la humanidad", *Bioética y bioderecho Vol. 7*. Original en: http://www.cartapacio.edu.ar/ojs/index.php/byb/article/viewFile/264/168

Austin, C. (s.f). *Talking Glossary of Genetic Terms: Fenotipo*. National human Genome Reaserch Institute. Original en: https://www.genome.gov/es/genetics-glossary/Fenotipo

Banco Mundial (2019). *Entendiendo la pobreza*. Panorama general. https://www.bancomundial.org/es/topic/poverty/overview

Barbadilla, A. (s.f). *Ensayos sobre Genética. Conceptos básicos: Genotipo y fenotipo*. Universitat Autònoma de Barcelona. Nota original en: http://bioinformatica.uab.es/base/base3.asp?sitio=ensayosgenetica&anar=conceptos&item=genoti

Botero, E. (2016). "Reflexión sobre el concepto de racionalidad económica y la noción del Homo oeconomicus" en *Bases conceptuales para un análisis crítico del discurso administrativo y económico* (pp. 19-53). Bogotá: Ediciones Universidad Cooperativa de Colombia. doi: http://dx.doi.org/10.16925/9789587600438

Caicedo, O. (2015). *El concepto biológico de cultura. Las raíces animales de la cultura humana*. Universidad de Salamanca. THÉMATA. Revista de Filosofía N° 53, enero-junio (2016) pp.: 119-140. https://proyectoscio.ucv.es/wp-content/uploads/2016/08/06-Caicedo.pdf

Carrizo R. (2018). "De la intolerancia metafísica a la ética ontológica". Tesis Magister en coaching ontológico. USS.

Casavilca, s. *et al.* (2019). Epigenética: la relación del medio ambiente con el genoma y su influencia en la salud mental. Descargado de DOI: https://revistas.upch.edu.pe/index.php/RNP/article/view/3648

Chóliz, M. (1995). *La Expresión De Las Emociones en la Obra De Darwin*. España: Departamento de Psicología Básica Universidad de Valencia https://www.uv.es/=choliz/ExpresionEmocionesDarwin.pdf

Definición ABC (2007-2017). "Definición de Intolerancia". Recuperado de https://www.definicionabc.com/social/intolerancia.php - Visto 1 de mayo de 2017.

Deloitte (2006-2013). *The Risk Intelligent Enterprise*. ERM Done Rigth. Whitepaper. White paper original en https://www2.deloitte.com/content/dam/Deloitte/global/Documents/Governance-Risk-Compliance/dttl-grc-riskintelligent-erm-doneright.pdf

(______) (2009). *Putting risk in the comfort zone. Nine principles for building the Risk Intelligent Enterprise™*. White paper original en: https://www2.deloitte.com/content/dam/Deloitte/global/Documents/Governance-Risk-Compliance/dttl-grc-puttingriskinthecomfortzone.pdf

Echeverría, R. (2005). *Las Modalidades del Habla y la senda de la indagación*. Newfield Consulting.

Echeverría, R. (2016). *El carácter del programa metafísico y nuestra confrontación con él*. Biblioteca FICOP. Original en: http://ficop.org/bibliotecaficop/99-el-caracter-del-programa-metafisico-y-nuestra-confrotacion-con-el

Echeverría & Pizarro (s.f). *El carácter del coaching ontológico*. Newfield Consulting- ECORE.

Encinas G, M. (2009). *Estudio antropológico del comportamiento ante la muerte: Humanidad e inhumanidad*. Cauriensia, Vol. IV 293-328, ISSN: 1886-4945 https://dialnet.unirioja.es/descarga/articulo/3082591.pdf

Enard W. et al (2009). *A humanized version of Foxp2 affects cortico-basal ganglia circuits in mice*. Cell. 2009 May 29;137(5):961-71. DOI: 10.1016/j.cell.2009.03.041

Encyclopaedia Britannica Inc. (2019). *Neuroplasticity*. Descargado de https://www.britannica.com/science/neuroplasticity, el 18 de noviembre de 2019.

Finelgold, D. (2019). Factores que afectan la expresión génica. Descargado de: https://www.msdmanuals.com/es/professional/temas-especiales/principios-generales-de-la-gen%C3%A9tica-m%C3%A9dica/factores-que-afectan-la-expresi%C3%B3n-g%C3%A9nica#:~:text=Varios%20factores%2C%20como%20la%20gen%C3%A9tica,variar%20c%C3%B3mo%20%C3%A9ste%20se%20expresa

Gámez, Carlos. (2010). *Así funciona el circuito del miedo en nuestro cerebro*. lainformación.com. Ciencia Y Tecnología - Ciencias (general). Original en https://www.lainformacion.com/tecnologia/asi-funciona-el-circuito-del-miedo-en-nuestro-cerebro_nwpGydHpAnF4Z2uhykhNs7/

Garcés, M. & Suárez, J. (2014). *Neuroplasticidad: aspectos bioquímicos y neurofisiológicos*. Rev CES Med 2014; 28(1): 119-132 http://www.scielo.org.co/pdf/cesm/v28n1/v28n1a10.pdf

Garretón, V. & Salinas, P. (2013). *¿Existe en gen de la cooperación?*. Researchgate: https://www.researchgate.net/publication/273028975 DOI: 10.5354/0718-0527.2007.28433

Girotra, K. (2014). *Reinventing Business Models Through Risk Management*. 1 noviembre 2014. Original en: http://www.rmmagazine.com/2014/11/01/reinventing-business-models-through-risk-management/

Ghosh, I. (2020). *Visualizing the Global Rise of Sustainable Investing*. 4 de febrero de 2020. Original en: https://www.visualcapitalist.com/rise-of-sustainable-investing/

Gomez, E. (2010). *Introducción a la antropología social y cultural*. Universidad de Cantabria.

Hopkin, M. (2008). *'Ruthlessness gene' discovered*. Nature, April 4 2008. International weekly Journal of Science. https://www.nature.com/news/2008/080404/full/news.2008.738.html

Infosalus (2018). Los factores hereditarios y ambientales influyen en la forma en la que los genes se expresan. Descargado de https://www.infosalus.com/salud-investigacion/noticia-factores-hereditarios-ambientales-influyen-forma-genes-expresan-20180817072238.html

IPCC (2014) Cambio climático 2014: Informe de síntesis. Contribución de los Grupos de trabajo I, II y III al Quinto Informe de Evaluación del Grupo Intergubernamental de Expertos sobre el Cambio Climático [Equipo principal de redacción, R.K. Pachauri y L.A. Meyer (eds.)]. IPCC, Ginebra, Suiza, 157 págs. https://www.ipcc.ch/site/assets/uploads/2018/02/SYR_AR5_FINAL_full_es.pdf

Jakobsson, M. et Al. (2017). Southern African ancient genomes estimate modern human divergence to 350,000 to 260,000 years ago. The American Association for the Advancement of Science. Science 03 Nov 2017: Vol. 358, Issue 6363, pp. 652-655. DOI: https://doi.org/10.1126/science.aao6266

Khan Academy. Función y estructura de la neurona. Descargado de; https://es.khanacademy.org/science/biology/human-biology/neuron-nervous-system/a/overview-of-neuron-structure-and-function, el 20 de julio de 2018.

Knafo, A. *et. al.* (2007). *The Developmental Origins of a Disposition Toward Empathy: Genetic and Environmental Contributions. American Psychological Association* 2008, Vol. 8, No. 6. DOI: 10.1037/a0014179 https://pubmed.ncbi.nlm.nih.gov/19102585/

Kornblihtt, A. (2016). *Genoma Humano.* Publicado en 2017 en: http://www.salud.gob.ar/dels/entradas/genoma-humano

Korteling, J.E., Brouwer, A.-M. & Toet A. (2018). A Neural Network Framework for Cognitive Bias. Front. Psychol. 9:1561. https://www.frontiersin.org/articles/10.3389/fpsyg.2018.01561/full

Lerma, I (2013). El Control del Miedo: La Amígdala y la Corteza Prefrontal. Descargado de https://ivanlerma.com/2013/02/27/elcontroldelmiedolaamigdalaylacorteza-prefrontal//

Levine, D. (2013). A New Paradigm for Strategic Risk Management. The Actuary Magazine. Society of actuaries. Descargado de: https://www.soa.org/globalassets/assets/Library/Newsletters/The-Actuary-Magazine/2013/february/act-2013-vol10-iss1-levine.pdf

López, C. (2012). El Tiempo en Física. Material de capacitación para el Diplomado Superior: Enfoques para la democratización del conocimiento científico y tecnológico. FLACSO. Descargado de:

http://www.filoexactas.exactas.uba.ar/cristian/papers/Tiempo%20en%20f%C3%ADsica%20AM-AS-CL.pdf

Lu, M. (2020). Infographic: 11 Cognitive Biases That Influence Political Outcomes. 7 de mayo de 2020. Original en: https://www.visualcapitalist.com/11-cognitive-biases-influence-politics/

Lumbreras, S. (2009). Un nuevo modelo físico propone que el tiempo es sólo una ilusión. Tendencias21. Descargado de: https://tendencias21.levante-emv.com/un-nuevo-modelo-fisico-propone-que-el-tiempo-es-solo-una-ilusion_a3879.html, el 23 de marzo de 2019.

Melich, J. (2005). *La persistencia de la metamorfosis. Ensayo de una antropología pedagógica de la finitud. Revista Educación y Pedagogía*, Medellín, Universidad de Antioquia, Facultad de Educación, vol. XVII, núm. 42, (mayo-agosto), 2005, pp. 11-27.

Mermelada, C. (2009). *Darwin y la Teoría de la Evolución*. Original en: http://ateneuperemascaro.org/sites/ateneuperemascaro.org/IMG/pdf/darwin_evolucion.pdf

Minsal, D. & Pérez, Y. (2007). *Hacia una nueva cultura organizacional: la cultura del conocimiento.* Acimed 2007;16(3). Disponible en: http://scielo.sld.cu/pdf/aci/v16n3/aci08907.pdf

MIT News. Traffton, A. (2014). Neuroscientists identify the key role of language gene. Descargado de https://news.mit.edu/2014/language-gene-0915.

Montag, C. et al (2008). COMT Genetic Variation Affects Fear Processing: Psychophysiological Evidence. Behavioral Neuroscience: The American Psychological Association 2008, Vol. 122.

Montecinos, H. (2011). El humanismo según la filosofía. Revista latinoamericana de ensayo.

Moreno, M (1995). *La determinación genética del comportamiento humano. Una revisión crítica desde la filosofía y la genética de la conducta.* Universidad de Granada. Gazeta de Antropología, 1995, 11, artículo 06. Original en: http://hdl.handle.net/10481/13611

NICABM (2020). Neuroplasticity-Infographic. Descargado de: https://s3.amazonaws.com/nicabm-stealthseminar/Brain2016/Infographics/NICABM-Neuroplasticity-Infographic-PDF.pdf

Preve, L. (2014). Risk & Uncertainty Management. *La gestión de riesgo en el planeamiento estratégico.* 10.06.2014. Original en http://lorenzopreve.com/la-gestion-de-riesgo-en-el-planeamiento-estrategico/

Population City. Contador de Población Mundial al julio de 2020. http://poblacion.population.city/world/

Reuter, M. *et al.* (2011). Investigating the genetic basis of altruism: the role of the COMT Val158Met polymorphism. Published by Oxford University Press. Downloaded from https://academic.oup.com/scan/article-abstract/6/5/662/1657142 by guest on 22 January 2019.

RIMS (2010). Emerging Risks and Enterprise Risk Management. Risk. Executive Report. The Risk Perspective. Insurance Management Society, Inc.

Romero, V. (2016). Entropía, irreversibilidad y la flecha del tiempo. Revista C2 Ciencia y Cultura. Descargado de: https://www.revistac2.com/entropia-irreversibilidad-y-la-flecha-del-tiempo/, el 23 de marzo de 2019

Rubia Vila, F. 2011. El cerebro emocional y la toma de decisiones. Sesiones Clínicas del Área (Hospital Universitario 12 de octubre, Madrid): curso 2010-11.

San Feliciano, A. (2017). Heurísticos, los atajos de la mente. Descargado de: https://lamenteesmaravillosa.com/heuristicos-los-atajos-de-la-mente/ el 5 de mayo de 2019.

Selecciones Readers Digest. Religión y números en el mundo. Nota digital del 24 de noviembre de 2016. Original en https://selecciones.com.mx/religion-y-numeros-en-el-mundo/

Squillace, M. & Picón, J. (2011). La influencia de los heurísticos en la toma de decisiones. Revista Investigaciones en Psicología, año: 2010 vol. 15 p. 157 – 173. Argentina.

Schreiweis, C. *et al.* (2014). Humanized Foxp2 accelerates learning by enhancing transitions from declarative to procedural performance. Descargado de https://www.pnas.org/content/111/39/14253

The Human Memory (2019). Brain Neurons & Synapses. Descargado de: https://human-memory.net/brain-neurons-synapses/

Tiglioli, F. (2011). *Evolución del Concepto del Tiempo Cosmológico*. Lámpsakos No. 5, pp. 34-36. Ene-jun. 2011. https://dialnet.unirioja.es/descarga/articulo/3661966.pdf

Tortosa, F. & Mayor, L. (1992). *Watson y la Psicología de las Emociones: la evolución de una idea*. Psicothema vol 4 n°1 pp.297-315. http://www.psicothema.com/psicothema.asp?id=833

Underwood A. & Ingram, D. (2013). *How Do You See Risk?* – Risk Management Is All About Your Perception. RIMS.ORG. 24 junio 2013. Original en www.rmmagazine.com/2013/06/24/how-do-you-see-risk-risk-management-is-all-about-your-perception/

United Nations Office on Drugs and Crime (2019) Informe Mundial de Drogas 2018: crisis de opioides, abuso de medicamentos y niveles récord de opio y cocaína. https://www.unodc.org/unodc/es/press/releases/2018/June/world-drug-report-2018_-opioid-crisis--prescription-drug-abuse-expands-cocaine-and-opium-hit-record-highs.html

Vasvári, T. (2015). Risk, Risk Perception, Risk Management – a Review of the Literature. Public Finance Quarterly, State Audit Office of Hungary, vol. 60(1), pages 29-48. Descargado de: https://ideas.repec.org/a/pfq/journl/v60y2015i1p29-48.html

Vilarroya, O. y Carmona, (2007). *El cerebro emocional.* Capítulo 10 de Viaje al Universo Neuronal. Fundación Española para la Ciencia y Tecnología. https://www.fecyt.es/es/publicacion/unidad-didactica-viaje-al-universo-neuronal

Whitehead, H., Laland, K., Rendell, L., Thorogood, R. & Whiten, A. (2019). The Reach of Gene–Culture Coevolution in Animals. Nature Commun 10, 2405 doi: 10.1038/s41467-019-10293 https://www.nature.com/articles/s41467-019-10293-y

Wilson, E. (1996). The Environmental Ethic. Hastings Environmental Law Journal. Volume 3. Number 2, Article 12, 1-1-1996. Original at: https://repository.uchastings.edu/hastings_environmental_law_journal/vol3/iss2/12/

Withrington, E. (1996). Ludwig Wittgenstein y los cimientos del lenguaje. Revista PSI. Original en: https://revistas.psi.unc.edu.ar/index.php/NOMBRES/article/viewFile/2094/1083

Woodhead, M. & Oates, J. (Ed.) (2012). *El cerebro en desarrollo. La Primera Infancia en Perspectiva.* Reino Unido: The Open University. http://www.codajic.org/sites/www.codajic.org/files/El-cerebro-en-desarrollo.pdf

WWF (2018). Informe Planeta Vivo - 2018: Apuntando más alto. Grooten, M. y Almond, R.E.A. (Eds). WWF, Gland, Suiza. http://awsassets.wwf.es/downloads/informe_planeta_vivo_2018.pdf

Zamudio, T (2012) *El Existencialismo. Historia de los Bio-derechos y del pensamiento bioético.* Universidad del Museo Social Argentino. https://www.academia.edu/5634820/Zamudio

Referencias apéndice

Atalayaar, (Abirl 27 de 2020). ¿Subestimó Boris Johnson la pandemia?https://atalayar.com/content/subestim%C3%B3-boris-johnson-la-pandemia

Banco Mundial (8 de junio de 2020). La COVID-19 (coronavirus) hunde a la economía mundial en la peor recesión desde la Segunda Guerra Mundial. Obtenido de https://www.bancomundial.org/es/news/press-release/2020/06/08/covid-19-to-plunge-global-economy-into-worst-recession-since-world-war-ii

BBC News. (28 de Abril de 2020). EE.UU. supera el millón de casos de coronavirus: 5 claves que explican el impacto de la pandemia en el país. BBC. Obtenido de https://www.bbc.com/mundo/noticias-internacional-52377962

Bonzo, A. (5 de Abril de 2020). Italia debate la reapertura del país mientras crecen los temores por los efectos económicos del coronavirus: "La crisis va a durar muchos años". Infobae. Recuperado el 21 de Abril de 2020, de https://www.infobae.com/america/mundo/2020/04/05/italia-debate-la-reapertura-del-paismientras-crecen-los-temores-por-los-efectos-economicos-del-coronavirus-la-crisis-va-a-durar-muchos-anos/

Brooks, D. (20 de Abril de 2020). Coronavirus | Eliminar la curva y no aplanarla: así es la exitosa estrategia de Nueva Zelanda, "la más estricta del mundo" contra la pandemia de covid-19. BBC News. Obtenido de https://www.bbc.com/mundo/noticias-internacional-52236136

Buj, A. (29 de Marzi de 2020). Giuseppe Conte se crece con la pandemia del coronavirus. La Vanguardia. Obtenido de https://www.lavanguardia.com/internacional/20200329/48146634354/coronavirus-italia.html

Cué, C. E. (13 de Marzo de 2020). Sánchez decreta el estado de alarma durante 15 días. El País. Obtenido de https://elpais.com/espana/2020-03-13/el-gobierno-debate-decretar-el-estado-de-alarma.html

De la corte, L. (15 de Abril de 2020). ¿Por qué se subestimó al Covid-19? Un análisis preliminar desde la Psicología y la Sociología del Riesgo. Obtenido de: https://global-strategy.org/por-que-se-subestimo-al-covid-19-un-analisis-preliminar-desde-la-psicologia-y-la-sociologia-del-riesgo/

Díaz, M. G. (17 de Marzo de 2020). Coronavirus en México: las críticas a AMLO por seguir besando y abrazando a sus seguidores pese a las advertencias sanitarias frente al covid-19. BBC Mundo. Recuperado el 21 de Abril de 2020, de https://www.bbc.com/mundo/noticias-america-latina-51921323

Echeverría, R., & Pizarro, A. (s.f.). El carácter del coaching ontológico. Newfield Consulting / ECORE.

EFE. (2 de Abril de 2020). El presidente de Filipinas ordena matar a los que violen la cuarentena por covid-19. Público. Recuperado el 21 de abril de 2020, de https://www.publico.es/politica/coronavirus-presidente-filipinas-ordena-matar-violen-cuarentena-covid-19.html

Euronews. (14 de Abril de 2020). El coronavirus como arma política: España e Italia, la excepción europea. Euronews. Recuperado el 5 de Mayo de 2020, de https://es.euronews.com/2020/04/14/el-coronavirus-como-arma-politica-espana-e-italia-la-excepcion-europea

EuropaPress, A. y. (18 de Marzo de 2020). Angela Merkel calificó al coronavirus como "el mayor desafío" para Alemania desde la Segunda Guerra Mundial. Infobae. Recuperado el 19 de Mayo de 2020, de https://www.infobae.com/america/mundo/2020/03/18/angela-merkel-califico-al-coronavirus-como-el-mayor-desafio-para-alemania-desde-la-segunda-guerra-mundial/

Flightradar24. (s.f.). Obtenido de https://www.flightradar24.com/

Fresneda, C. (13 de Marzo de 2020). Boris Johnson se desmarca de Europa en la respuesta ante el coronavirus. El Mundo. Obtenido de https://www.elmundo.es/internacional/2020/03/13/5e6bcb7afc6c83d3118b4639.html

Gadol, I. (8 de Marzo de 2020). Coronavirus. Netanyahu Anunciará Nuevas Restricciones, Mientras Los Casos Aumentan. Iton Gadol. Obtenido de https://itongadol.com/israel/coronavirus-netanyahu-anunciara-nuevas-restricciones-mientras-los-casos-aumentan

Giammattei, A. (18 de Marzo de 2020). Giammattei ante el coronavirus: "No se trata de reaccionar, sino de accionar antes". CNN. (Camilo Egaña, Entrevistador) Obtenido de https://cnnespanol.cnn.com/video/presidente-guatemala-alejandro-giammatei-contencion-coronavirus-camilo-cnne-sot/

La Vanguardia. (12 de Abril de 2020). Guatemala revelará edad y sexo de positivos de COVID-19 mas no su procedencia.. Recuperado el 21 de Abril de 2020, de https://www.lavanguardia.com/vida/20200412/48440195785/guatemala-revelara-edad-y-sexo-de-positivos-de-covid-19-mas-no-su-procedencia.html

Jakobsdóttir, K. (1 de Mayo de 2020). Katrín Jakobsdóttir: "En Islandia, la pandemia de Covid-19 está bajo control". France 24. (M. Perelman, Entrevistador) Obtenido de https://www.france24.com/es/20200501-laentrevista-islandia-primera-ministra-pandemia-covid19

Jullier, J. P. (14 de Marzo de 2020).COVID-19 y Política Internacional: opinión de los miembros del OPI. Observatorio de Política Internacional de USF. Santa Fé.

Laborde, A. (9 de Abril de 2020). La cifra de desempleados en EE UU aumenta en 6,6 millones en una semana. El País. Recuperado el 5 de Mayo de 2020, de https://elpais.com/economia/2020-04-09/mas-de-66-millones-de-estadounidenses-solicitaron-la-prestacion-de-desempleo-en-la-ultima-semana.html

Lee, S. (25 de marzo de 2020). Fighting COVID 19 – Legal Powers and Risks: South Korea. Obtenido de https://verfassungsblog.de/fighting-covid-19-legal-powers-and-risks-south-korea/

Mamoon, N. (s.f.). Covid Visualizer. Obtenido de https://www.covidvisualizer.com/

Martinez, Yaiza (2014). Neurocientícos identifican el papel de un gen en la aparición del lenguaje humano. Descargado de https://tendencias21.levante-emv.com/neurocientificos-identifican-el-papel-de-un-gen-en-la-aparicion-del-lenguaje-humano_a37066.html

Miguel, B. D. (27 de Marzo de 2020). El plan de choque europeo encalla por la resistencia de Alemania y Holanda. El País. Obtenido de https://elpais.com/economia/2020-03-26/el-plan-de-reactivacion-enfrenta-a-la-ue-en-su-mayor-crisis-sanitaria.html

Miguel, R. D. (17 de Marzo de 2020). Reino Unido anuncia una inyección de más de 360.000 millones para frenar el impacto del coronavirus. El País. Obtenido de https://elpais.com/economia/2020-03-17/reino-unido-anuncia-una-inyeccion-de-mas-de-360000-millones-para-frenar-el-impacto-del-coronavirus.html

Nejamkis, G. (19 de Marzo de 2020). Coronavirus en Brasil: cacerolazo contra Bolsonaro, pelea con China y una brutal caída económica en el horizonte. Clarín. Recuperado el 5 de Mayo de 2020, de https://www.clarin.com/mundo/coronavirus-brasil-cacerolazo-bolsonaro-pelea-china-brutal-caida-economica-horizonte_0_e56Q9tsOd.html

News, B. (12 de Marzo de 2020). Coronavirus: la exitosa estrategia de Corea del Sur para salvar vidas en medio de la pandemia del covid-19. BBC. Obtenido de https://www.bbc.com/mundo/noticias-51838817

Ourworldindata (30 junio de 2020). Emerging COVID-19 success story: South Korea learned the lessons of MERS. Obtenido de https://ourworldindata.org/covid-exemplar-south-korea

Pardo, P. (24 de Marzo de 2020). Donald Trump: "El remedio no puede ser peor que la enfermedad". El Mundo. Obtenido de https://www.elmundo.es/internacional/2020/03/24/5e7a4432fdddff14738b4641.html

Plazas, N. (3 de Abril de 2020). Las medidas ante la crisis por el Covid-19 que ponen a prueba los cimientos de la democracia. France 24. Recuperado el 21 de Abril de 2020, de https://www.france24.com/es/20200403-crisis-coronavirus-riesgo-democracia-militares-toques-de-queda

PRESS, E. (14 de Marzo de 2020). Nueva Zelanda anuncia una cuarentena para todas las personas que lleguen al país por el coronavirus. Europapress. Obtenido de https://www.europapress.es/internacional/noticia-nueva-zelanda-anuncia-cuarentena-todas-personas-lleguen-pais-coronavirus-20200314075332.html

RFI. (30 de Marzo de 2020). El exitoso e invasivo sistema surcoreano para luchar contra la COVID-19. Radio Francia Internacional. Recuperado el 21 de Abril de 2020, de http://www.rfi.fr/es/asia-pacifico/20200330-el-exitoso-e-invasivo-sistema-surcoreano-para-luchar-contra-la-covid-19

Sanz, J. C. (17 de Marzo de 2020). Israel recurre al espionaje para vigilar los movimientos de los infectados por coronavirus. El País. Recuperado el 21 de Abril de 2020, de https://elpais.com/sociedad/2020-03-17/israel-recurre-al-espionaje-para-vigilar-los-movimientos-de-los-infectados-por-coronavirus.html

Sardiña, M. (16 de Marzo de 2020). "Estamos en guerra sanitaria": Macron anuncia medidas para enfrentar el Covid-19. France 24. Obtenido de https://www.france24.com/es/20200316-macron-francia-coronavirus-medidas-guerra-sanitaria

Shwartz, T. & Aridor, R. (6 de julio de 2020). How Israel's COVID-19 mass surveillance operation works. Obtenido de: https://www.brookings.edu/techstream/how-israels-covid-19-mass-surveillance-operation-works/

The goverment of the Republic of Korea (11 de mayo de 2020). How Korea responded to a pandemic using ICT. Flattening the curve on COVID 19. Obtenido de http://www.undp.org/content/seoul_policy_center/en/home/presscenter/articles/2019/flattening-the-curve-on-covid-19.html

Valencia, A. M. (21 de Marzo de 2020). Coronavirus: ¿por qué Alemania tiene un número tan bajo de muertos por covid-19 en comparación con otros países? BBC Mundo. Recuperado el 21 de abril de 2020, de https://www.bbc.com/mundo/noticias-internacional-51980118

Williamson, H., & Braunschweiger, A. (10 de Abril de 2020). El coronavirus en Europa: desde las cuarentenas a la apropiación del poder. HRW. Recuperado el 21 de Abril de 2020, de https://www.hrw.org/es/news/2020/04/10/el-coronavirus-en-europa-desde-las-cuarentenas-la-apropiacion-del-poder

Worldometer. (s.f.). Obtenido de https://www.worldometers.info/coronavirus/

Yonhap. (28 de Enero de 2020). Moon urge pasos rápidos y fuertes contra el nuevo coronavirus. Agencia de noticias Yonhap. Obtenido de https://sp.yna.co.kr/view/ASP20200128003300883

Biografía

Rita Carrizo (1962) es contadora pública de la Universidad Nacional de La Plata (Argentina) y master coach ontológico de la Universidad San Sebastián (Chile). Es profesora de las asignaturas Gestión de Riesgos Empresariales y Administración General en la Universidad Nacional Arturo Jauretche desde el año 2014. También se ha desempeñado como docente en programas de posgrado y maestría y como entrenadora en programas de liderazgo. Su carrera profesional de más de treinta años se ha desarrollado en el ámbito de organizaciones nacionales y multinacionales, liderando equipos de trabajo en áreas de consultoría, auditoría y asesoría de riesgos. Es autora de artículos académicos y del capítulo "El Castillo" en el libro *Incursiones Ontológicas V* (2018) de Newfield Consulting.

Impreso por TREINTADIEZ S.A. en 2020
Pringles 521 (C1183 AEI)
Ciudad Autónoma de Buenos Aires
Teléfonos: 4864-3297 / 4862-6794
editorial@treintadiez.com